# ماہِ رمضان: احکام و مسائل

## (مضامین)

مرتبہ:

### دی فری لانسر ممبئی

© The Freelancer Mumbai

**Maah e Ramzan - Ahkaam o Masaail** (Essays)

by: The Freelancer Mumbai

Edition: April '2024

Publisher :

**Taemeer Publications LLC** (Michigan, USA / Hyderabad, India)

ISBN 978-93-5872-418-9

©دی فری لانسر ممبئی

| | | |
|---|---|---|
| کتاب | : | **ماہِ رمضان- احکام و مسائل (مضامین)** |
| مرتب | : | **دی فری لانسر ممبئی** |
| تدوین و تہذیب | : | سید حیدرآبادی |
| صنف | : | مذہب |
| ناشر | : | تعمیر پبلی کیشنز (حیدرآباد، انڈیا) |
| سالِ اشاعت | : | ۲۰۲۴ء |
| صفحات | : | ۸۴ |
| سرِ ورق ڈیزائن | : | تعمیر ویب ڈیزائن |

# فہرست

# رمضان کے ایام میں بیوی سے ہمبستری کے احکام

## حسان عبد الغفار

اگر کوئی شخص رمضان کے ایام میں طلوع فجر سے لے کر غروب شمس تک بیوی سے ہمبستری کرلے تو سخت گنہگار ہونے کے ساتھ ساتھ اس کا روزہ بھی فاسد ہو جائے گا، جیسا کہ ابو ہریرہ رضی اللہ عنہ کہتے ہیں:

بَيْنَمَا نَحْنُ جُلُوسٌ عِنْدَ النَّبِيِّ صَلَّى اللّٰهُ عَلَيْهِ وَسَلَّمَ، إِذْ جَاءَهُ رَجُلٌ فَقَالَ : يَا رَسُولَ اللّٰهِ، هَلَكْتُ. قَالَ : " مَا لَكَ ؟ " قَالَ : وَقَعْتُ عَلَى امْرَأَتِي وَأَنَا صَائِمٌ. فَقَالَ رَسُولُ اللّٰهِ صَلَّى اللّٰهُ عَلَيْهِ وَسَلَّمَ : " هَلْ تَجِدُ رَقَبَةً تُعْتِقُهَا ؟ " قَالَ : لَا. قَالَ : " فَهَلْ تَسْتَطِيعُ أَنْ تَصُومَ شَهْرَيْنِ مُتَتَابِعَيْنِ ؟ " قَالَ : لَا. فَقَالَ : " فَهَلْ تَجِدُ إِطْعَامَ سِتِّينَ مِسْكِينًا ؟ " قَالَ : لَا. قَالَ : فَمَكَثَ النَّبِيُّ صَلَّى اللّٰهُ عَلَيْهِ وَسَلَّمَ، فَبَيْنَا نَحْنُ عَلَى ذَلِكَ أُتِيَ النَّبِيُّ صَلَّى اللّٰهُ عَلَيْهِ وَسَلَّمَ بِعَرَقٍ فِيهَا تَمْرٌ – وَالْعَرَقُ : الْمِكْتَلُ – قَالَ : " أَيْنَ السَّائِلُ ؟ " فَقَالَ : أَنَا. قَالَ : " خُذْهَا فَتَصَدَّقْ بِهِ ". فَقَالَ الرَّجُلُ : أَعَلَى أَفْقَرَ مِنِّي يَا رَسُولَ اللّٰهِ ؟ فَوَاللّٰهِ مَا بَيْنَ لَابَتَيْهَا – يُرِيدُ الْحَرَّتَيْنِ – أَهْلُ بَيْتٍ أَفْقَرُ مِنْ أَهْلِ بَيْتِي. فَضَحِكَ النَّبِيُّ صَلَّى اللّٰهُ عَلَيْهِ وَسَلَّمَ حَتَّى بَدَتْ أَنْيَابُهُ ثُمَّ قَالَ : " أَطْعِمْهُ أَهْلَكَ "( صحیح البخاری:۱۹۳۶) ہم نبی کریم صلی اللہ علیہ وسلم کی خدمت میں تھے کہ ایک شخص نے حاضر ہو کر کہا کہ یا رسول اللہ! میں تو تباہ ہو گیا، آپ صلی اللہ علیہ وسلم نے دریافت فرمایا کیا بات ہوئی؟ اس نے کہا کہ میں نے اپنی بیوی سے جماع کر لیا ہے، اس پر رسول اللہ صلی اللہ علیہ وسلم نے پوچھا، کیا تمہارے پاس کوئی

غلام ہے جسے تم آزاد کر سکو؟ اس نے کہا نہیں، پھر آپ صلی اللہ علیہ وسلم نے دریافت
فرمایا کیا لگاتار دو مہینے کے روزے رکھ سکتے ہو؟ اس نے کہا نہیں، پھر آپ صلی اللہ علیہ
وسلم نے پوچھا کیا تم کو ساٹھ مسکینوں کو کھانا کھلانے کی طاقت ہے؟ اس نے اس کا جواب
بھی انکار میں دیا، راوی نے بیان کیا کہ پھر نبی کریم صلی اللہ علیہ وسلم تھوڑی دیر کے لیے
ٹھہر گئے، ہم بھی اپنی اسی حالت میں بیٹھے ہوئے تھے کہ آپ صلی اللہ علیہ وسلم کی
خدمت میں (عرق نامی) ایک تھیلا پیش کیا گیا جس میں کھجوریں تھیں۔ عرق تھیلے کو کہتے
ہیں ۔ (جسے کھجور کی چھال سے بناتے ہیں) نبی کریم صلی اللہ علیہ وسلم نے دریافت فرمایا کہ
سائل کہاں ہے؟ اس نے کہا کہ میں حاضر ہوں، آپ صلی اللہ علیہ وسلم نے فرمایا: اسے
لے لو اور صدقہ کر دو، اس شخص نے کہا یا رسول اللہ! کیا میں اپنے سے زیادہ محتاج پر
صدقہ کر دوں، بخدا ان دونوں پتھریلے میدانوں کے درمیان کوئی بھی گھرانہ میرے گھر
سے زیادہ محتاج نہیں ہے، اس پر نبی کریم صلی اللہ علیہ وسلم اس طرح ہنس پڑے کہ آپ
کے آگے کے دانت دیکھے جا سکے۔ پھر آپ صلی اللہ علیہ وسلم نے ارشاد فرمایا کہ اچھا جاؤ
اپنے گھر والوں ہی کو کھلا دو۔

ابو داؤد کے الفاظ میں ہے:

كُلْهُ أَنْتَ وَأَهْلُ بَيْتِكَ، وَصُمْ يَوْمًا، وَاسْتَغْفِرِ اللَّهَ "( سنن
أبي داؤد:٢٣٩٣/صححه الألباني في صحيح سنن أبي
داؤد:٢/٦٧) اسے تم اور تمہارے گھر والے کھاؤ اور ایک دن کا روزہ رکھ لو اور اللہ سے
بخشش طلب کرو۔

اس حدیث سے معلوم ہوا کہ اگر کسی شخص نے رمضان کے روزے کی حالت میں
اپنی بیوی سے جماع کر لیا تو اس کا روزہ فاسد ہو جائے گا، لہذا اس پر روزے کی قضا اور کفارہ
دونوں ضروری ہے۔

لیکن یہ عام نہیں ہے بلکہ اس کے کچھ شرائط بھی ہیں :

(۱) وہ ان لوگوں میں سے ہو جن پر روزہ لازم ہے ، چنانچہ اگر اس پر روزہ لازم نہیں ہے ، جیسے بچے تو ان پر نہ تو قضا ہے اور نہ ہی کفارہ ۔

(۲) وہاں پر روزے کو ساقط کرنے والی کوئی چیز نہ ہو ، چنانچہ اگر کوئی حالت سفر میں روزے سے ہے اور بیوی سے جماع کرلیتا ہے ، یا ایسا مریض جس کے لیے بیماری کی وجہ سے روزہ توڑنا حلال ہے ، لیکن پھر بھی روزہ رکھے ہوئے ہے اور بیوی سے جماع کرلیتا ہے تو ان پر نہ تو گناہ ہے اور نہ ہی کفارہ ہے بلکہ صرف قضا ہے ۔

(۳) جماع قبل یا دبر میں ہو ۔ خواہ وہ حلال ہو ، یعنی : اپنی بیوی کے ساتھ جماع کرے ، یا حرام ہو یعنی : زنا کرے ۔ (الشرح الممتع : ۳۹۹/۶)

سوال : جب شوہر اپنی بیوی کے ساتھ جماع کرے تو کیا اس پر بھی قضا اور کفارہ ہو گا ؟

جواب : جس خاتون کے ساتھ خاوند نے رمضان میں دن کے وقت جماع کیا ہے ، وہ دو حالتوں سے خالی نہیں ہو گی ۔

ا ۔ کہ عورت بھول جائے ، یا جبر أجماع کیا جائے ، یا پھر اسے رمضان میں دن کے وقت جماع کے حرام ہونے کا علم نہ ہو تو اس بنا پر اسے معذور سمجھا جائے گا ، اور ایسی حالت میں اس کا روزہ درست ہو گا ، اسے قضا یا کفارہ نہیں دینا پڑے گا ۔

اس کے دلائل درج ذیل ہیں :

(۱) فرمان باری تعالیٰ ہے :

رَبَّنَا لَا تُؤَاخِذْنَا إِن نَّسِينَا أَوْ أَخْطَأْنَا (البقرة : ۲۸۶) اے ہمارے رب! اگر ہم بھول جائیں ، یا غلطی کر بیٹھیں تو ہمارا مؤاخذہ نہ کرنا ۔

(۲)ابوہریرہ رضی اللہ عنہ کہتے ہیں کہ رسول اکرم صلی اللہ علیہ وسلم نے ارشاد فرمایا:

إِذَا نَسِيَ فَأَكَلَ وَشَرِبَ فَلْيُتِمَّ صَوْمَهُ ؛ فَإِنَّمَا أَطْعَمَهُ اللَّهُ وَسَقَاهُ (صحيح البخاري:۱۹۳۳)جب کوئی بھول گیا اور کچھ کھا پی لیا تو اسے چاہیے کہ اپنا روزہ پورا کرے۔ کیونکہ اس کو اللہ نے کھلایا اور پلایا۔

چنانچہ جماع اور دیگر تمام روزے کو فاسد کرنے والی اشیاء کو کھانے پینے پر قیاس کیا جائے گا۔

(۳)ابو ذر غفاری رضی اللہ عنہ کہتے ہیں کہ رسول اکرم صلی اللہ علیہ وسلم نے فرمایا:

إِنَّ اللَّهَ وَضَعَ عَنْ أُمَّتِي الْخَطَأَ، وَالنِّسْيَانَ، وَمَا اسْتُكْرِهُوا عَلَيْهِ (سنن ابن ماجہ:۲۰۴۵/صححه الألباني في صحيح ابن ماجہ:۱۷۸/۲) بے شک اللہ نے میری امت سے بھول چوک اور زبردستی کرائے گئے کام کو معاف کردیا ہے۔

ابن باز رحمہ اللہ سے ایسے خاوند کے بارے میں پوچھا گیا جس نے اپنی بیوی کے ساتھ زبردستی جماع کیا، تو انھوں نے جواب دیا:

''۔۔۔اگر عورت کے ساتھ زبردستی کی گئی تو عورت پر کچھ نہیں ہوگا اور اس کا روزہ بھی صحیح ہوگا۔'' (مجموع فتاوی ابن باز:۱۵/۳۱۰)

شیخ ابن عثیمین رحمہ اللہ میں دن کے وقت جماع کرنے کے بارے میں کہتے ہیں:

''اگر عورت لاعلمی، بھول چوک، یا جبر کی وجہ سے معذور ہو تو اس پر قضا نہیں ہوگی اور نہ ہی کفارہ ہوگا۔'' (الشرح الممتع:۶/۴۰۴)

۲۔عورت جماع کے لیے راضی ہو، تو ایسی حالت میں صحیح قول کے مطابق قضا اور کفارہ دونوں لازم ہوگا۔

اس کے دلائل درج ذیل ہیں:

(۱) آپ صلی اللہ علیہ وسلم نے رمضان میں دن کے وقت اپنی بیوی سے جماع کرنے والے شخص کو کفارے کا حکم دیا، اور اصول یہ ہے کہ مرد و خواتین احکامات میں ایک دوسرے کے مساوی ہوتے ہیں، الّا کہ شریعت کسی کو واضح لفظوں میں مستثنیٰ قرار دے دے۔

اسی بنا پر اگر کوئی شخص کسی دوسرے آدمی پر زنا کی تہمت لگا دے اور چار گواہ پیش نہ کر سکے تو اسے اسی کوڑے لگائے جائیں گے، باوجود اس کے کہ آیت عورتوں کے بارے میں ہے:

وَالَّذِينَ يَرْمُونَ الْمُحْصَنَاتِ ثُمَّ لَمْ يَأْتُوا بِأَرْبَعَةِ شُهَدَاءَ فَاجْلِدُوهُمْ ثَمَانِينَ جَلْدَةً وَلَا تَقْبَلُوا لَهُمْ شَهَادَةً أَبَدًا (النور:۴) جو لوگ پاک دامن عورتوں پر زنا کی تہمت لگائیں، پھر چار گواہ نہ پیش کر سکیں تو انھیں اسی کوڑے لگاؤ اور کبھی بھی ان کی گواہی قبول نہ کرو۔

(۲) اس خاتون نے بھی جماع کے ذریعے رمضان کی حرمت کو پامال کیا ہے، تو اس پر بھی مردوں کی طرح کفارہ لازم ہو گا۔

(۳) چونکہ کفارہ جماع سے متعلقہ سزا ہے، تو اس میں بھی زنا کی طرح مرد و خواتین کا ایک ہی حکم ہو گا۔

چنانچہ بہوتی رحمہ اللہ کہتے ہیں:

وَامْرَأَةٌ طَاوَعَتْ غَيْرَ جَاهِلَةِ الْحُكْمِ أَوْ غَيْرَ نَاسِيَةِ الصَّوْمِ كَرَجُلٍ فِي وُجُوبِ الْقَضَاءِ وَالْكَفَّارَةِ ، لِأَنَّهَا هَتَكَتْ حُرْمَةَ صَوْمِ رَمَضَانَ بِالْجِمَاعِ مُطَاوَعَةً ، فَأَشْبَهَتْ الرَّجُلَ (شرح منتهى الإرادات : ۴۸۶/۱) ایسی عورت جسے جماع کے حکم کا علم ہو، اسے بھول نہ لگی ہو اور اس کے لیے راضی بھی ہو، تو اس پر بھی مرد کی طرح قضا اور کفارہ لازم ہو گا، کیوں کہ اس نے بھی رضامندی کے ساتھ رمضان کی حرمت کو جماع کے ذریعے پامال کیا ہے، اس

لیے اس کا حکم بھی مرد جیسا ہی ہو گا۔

اور اگر کوئی کہے کہ نبی صلی اللہ علیہ وسلم نے آدمی کو کفارے کا حکم دیا، جبکہ عورت کے بارے میں کفارے کا ذکر نہیں کیا، حالانکہ ' تَأْخِیْرُ الْبَیَانِ عَنْ وَقْتِ الْحَاجَۃِ لَا یَجُوْزُ'(ضرورت کے وقت وضاحت میں تاخیر کرنا جائز نہیں ہے)اور یہ ممکن نہیں ہے کہ رسول اکرم صلی اللہ علیہ وسلم ضرورت کے ہوتے ہوئے بھی وضاحت کو مؤخر فرما دیں۔

تو اس کا جواب یہ دیا جائے گا کہ عورت کے لیے کفارے کا ذکر اس لیے نہیں ہوا کہ مرد نے اپنے بارے میں فتوی پوچھا تھا، عورت نے نہیں پوچھا تھا، اور یہ بھی ممکن ہے کہ عورت اس قصہ میں جبر کی وجہ سے معذور رہی ہو، لیکن اگر معذور نہ رہی ہو تو اس کے فتوی دریافت نہ کرنے کی وجہ سے رسول اکرم صلی اللہ علیہ وسلم نے اس سے سکوت اختیار کیا ہو اور یہ نہ کہا ہو کہ اس عورت پر بھی کفارہ ہے، کیونکہ فتوی کے اندر دوسرے شخص کے تعلق سے بحث کرنے کی شرط نہیں لگائی جاتی ہے۔(الشرح الممتع:۶/۴۰۲)

کفارے کی تین قسمیں ہیں:

(۱) ایک غلام آزاد کرنا۔

(۲) مسلسل دو مہینے کا روزہ رکھنا۔

چنانچہ بغیر کسی شرعی عذر کے درمیان میں روزہ توڑ دینا جائز نہیں ہے اور اگر کسی نے بغیر عذر شرعی کے درمیان میں ایک روزہ چھوڑ دیا تو پھر اسے دوبارہ نئے سرے سے روزہ رکھنا پڑے گا۔

سوال: عذر شرعی کیا ہے؟

جواب: عذر شرعی جیسے ایام عیدین و ایام تشریق، اسی طرح عذر حسی جیسے بیماری، سفر اور عورت کا حیض و نفاس سے ہونا۔

(۳) ساٹھ مسکینوں کو کھانا کھلانا۔

لیکن اگر کسی کے پاس ان تینوں میں سے کسی ایک کی بھی طاقت نہ ہو یعنی: نہ تو وہ غلام آزاد کر سکتا ہو، نہ ہی مسلسل دو مہینے کا روزہ رکھ سکتا ہو اور نہ ہی ساٹھ مسکینوں کو کھانا کھلا سکتا ہو تو ایسی صورت میں اس پر سے کفارہ ساقط ہو جائے گا۔

کیونکہ اللہ رب العزت کا فرمان ہے:

لَا يُكَلِّفُ ٱللَّهُ نَفْسًا إِلَّا وُسْعَهَا (البقرۃ:۲۸۶) اللہ تعالیٰ کسی جان کو اس کی طاقت سے زیادہ تکلیف نہیں دیتا۔

نیز قاعدہ بھی ہے کہ ' لا واجب مع عجز'، عاجزی اور عدم استطاعت کی وجہ سے واجبات ساقط ہو جاتے ہیں، یہی وجہ ہے کہ جب اللہ کے رسول صلی اللہ علیہ وسلم نے اس غریب شخص سے ۔ جس نے اپنی بیوی سے دن میں جماع کر لیا تھا۔ پوچھا تھا کہ : "کیا تمھارے پاس کوئی غلام ہے جسے تم آزاد کر سکو؟ اس نے کہا نہیں، پھر آپ صلی اللہ علیہ وسلم نے دریافت فرمایا کیا لگاتار دو مہینے کے روزے رکھ سکتے ہو؟ اس نے کہا نہیں، پھر آپ صلی اللہ علیہ وسلم نے پوچھا کیا تم کو ساٹھ مسکینوں کو کھانا کھلانے کی طاقت ہے؟ اس نے اس کا جواب بھی انکار میں دیا۔ لیکن رسول اکرم صلی اللہ علیہ وسلم نے اس پر کوئی نکیر نہیں فرمائی، جو اس بات کی دلیل ہے کہ عدم استطاعت کی بنا پر تمام کفارات ساقط ہو جاتے ہیں۔

٭ ٭ ٭

# صدقہ فطر کی معنویت وافادیت (بعض غلط فہمیوں کا ازالہ)

## رفیق احمد رئیس سلفی

اسلام روئے زمین پر اللہ کا آخری اور مکمل ہدایت نامہ ہے۔ اس کے تمام مسائل واحکام میں انسانیت کی بقا، اس کی خدمت اور اس کا احترام پایا جاتا ہے۔ وہ خوشی اور غم دونوں مواقع پر حد اعتدال پر قائم رہنے کی تلقین کرتا ہے۔ سماج کے کمزور طبقات کی رعایت اس کی روح میں جلوہ گر ہے۔ غریبوں، محتاجوں، بیواؤں اور یتیموں کی خبر گیری کو وہ عبادت کے درجے میں رکھتا ہے۔ ان کو نظر انداز کرکے جو سماج زندگی گزار تا ہے، اسلام کی نظر میں ایسا سماج ظالم قرار پاتا ہے۔ اسلام کے دونوں عظیم تہواروں میں وہ چاہتا ہے کہ تمام اہل اسلام اجتماعی خوشیوں میں ایک دوسرے کا سہارا بنیں۔ آخرت سے بے نیاز معاشرہ اپنی خوشیوں میں جو رویہ اپناتا ہے اور انسانیت کو نظر انداز کرتا ہے، اسلام اسے قطعی پسند نہیں کرتا۔ عید الفطر اور عید الاضحی میں اس کی جو تعلیمات ہمارے سامنے ہیں، ان میں سماج کے کمزور اور محروم طبقات کی خوشیوں کا وافر سامان موجود ہے لیکن اہل اسلام کے بعض گروہوں کی حرفیت پسندی، ظاہریت اور تقلید جامد نے ان تعلیمات کی تصویر مسخ کر دی ہے اور ان کی جو معنویت تھی، اسے شدید ضرب لگائی ہے۔ اس کی ایک بڑی اور نمایاں مثال صدقہ فطر ہے۔

صدقہ فطر کے سلسلے میں جو تعلیمات ہمارے سامنے آتی ہیں، ان کا خلاصہ یہ ہے کہ

رمضان کے روزوں کے اختتام پر ہر مسلمان خواہ وہ چھوٹا ہو یا بڑا، مرد ہو یا عورت، امیر ہو یا غریب، روزہ سے رہا ہو یا کسی شرعی عذر کی وجہ سے اس نے روزے نہ رکھے ہوں، سب پر ایک خاص قسم کا صدقہ فرض ہے۔ یہ صدقہ اس کے روزوں میں پیدا ہونے والی کمیوں کو دور کر کے اسے پاک کر دے گا اور سماج کے کمزور طبقات اپنے مسلمان بھائیوں کے ساتھ مل جل کر اجتماعی خوشی حاصل کر سکیں گے لیکن اس صدقہ فطر میں بعض بے اعتدالیاں ایسی راہ پا گئی ہیں جنہوں نے اس کی افادیت اور معنویت کو بری طرح متاثر کیا ہے۔ ذیل میں اس اجمال کی تفصیل ملاحظہ فرمائیں:

## (۱) صدقہ فطر نکالنے کا وقت

احادیث میں یہ وضاحت ملتی ہے کہ اس صدقہ کا آخری وقت نماز عید کی ادائیگی سے پہلے تک ہے۔ اس کے بعد دیا ہوا صدقہ صدقہ فطر نہیں بلکہ ایک عام صدقہ شمار ہو گا اور ایسا مسلمان ایک فرض کی ادائیگی سے محروم قرار دیا جائے گا۔ صحیح بخاری میں بعض آثار صحابہ سے یہ معلوم ہوتا ہے کہ عہد رسالت میں نماز عید سے ایک دو دن پہلے صدقہ فطر جمع کر دیا جاتا تھا اور ضرورت مندوں کے گھر پہنچا دیا جاتا تھا تا کہ وہ عید کے دن اپنے بچوں کے ساتھ خوشی منا سکیں اور خاص طور پر اس دن کسی کے سامنے دست سوال دراز کرنے کی ذلت سے محفوظ رہیں۔ اگر عہد رسالت میں مدینہ کی چھوٹی بستی میں ایک دو روز پہلے صدقہ فطر جمع کر دیا جاتا تھا تو آج کی پھیلی ہوئی وسیع آبادی میں ایک ہفتہ دس دن پہلے جمع کرنے میں بظاہر کوئی حرج نہیں ہے تا کہ غریبوں تک یہ صدقہ ایک خاص انتظام کے تحت پہنچا دیا جائے لیکن روح شریعت پیش نظر رکھ کر کوئی لائحہ عمل ترتیب دینے کی بجائے ہمارا طرز عمل یہ بن گیا ہے کہ نماز عید کو جاتے ہوئے سڑکوں کے کنارے بیٹھے ہوئے غریبوں اور محتاجوں کی پھیلی ہوئی چادروں پر صدقہ فطر ڈالتے ہوئے ہم عید گاہ

پہنچ جاتے ہیں۔ ذرا سوچیے! اسلام نے عید کے دن سوال کرنے کی جس ذلت سے بچانے کے لیے صدقہ فطر کو فرض قرار دیا تھا، کیا وہ مقصد پورا ہو رہا ہے، یہاں تو پورے شہر میں غریبوں کی ایک بھیڑ نظر آتی ہے جو ہمارے دین کو شرم سار کرتی ہے اور مسلم سماج کو اس کا آئینہ دکھاتی ہے کہ یہ ہے تمہارا سماج جس میں غریب سڑکوں پر ہیں، تم زرق برق لباسوں میں ملبوس ہو کر خوشی خوشی عید گاہ جا رہے ہو اور یہ تمہارے سماج کے غرباء و مساکین تمہارا منہ دیکھ رہے ہیں۔

اگر کوئی نظام ہمارے پاس موجود ہوتا جس میں ہفتہ بھر پہلے ان غرباء کی خبر گیری ہو گئی ہوتی اور ان کو یہ معلوم ہوتا کہ عید کے آخری دن تک کوئی مسلمان ایسا نہیں بچا ہو گا جو صدقہ فطر دینے والا نہ ہو تو سڑکوں کے کناروں کا یہ تکلیف دہ منظر ہمارے سامنے نہ ہوتا۔

مکہ مکرمہ میں کئی سالوں تک مقیم میرے ایک محترم دوست نے مجھے بتایا کہ وہاں بھی صورت حال بہت زیادہ اچھی نہیں ہے۔ ہمارے محترم شیوخ اپنی چمچماتی گاڑیوں میں آتے ہیں، جائے نماز عید کے آس پاس کی دکانوں سے گیہوں اور چاول کے پیکٹ خریدتے ہیں اور سڑکوں پر موجود سیاہ فام غریبوں کی چادروں پر وہ پیکٹ ڈالتے چلے جاتے ہیں، یہ سیاہ فام صدقے میں ملے ہوئے یہ پیکٹ دوکانداروں کو نصف یا تہائی قیمت پر بیچ کر پیسے کما لیتے ہیں، ان کی دلیل یہ ہوتی ہے کہ صرف چاول اور گیہوں سے تو پیٹ نہیں بھرے گا لہذا اس کے ساتھ کسی سالن کو حاصل کرنے کے لیے ہمیں ریال بھی چاہیے جو ہم اس طرح حاصل کرتے ہیں۔ ہمارے ملک میں بھی صورت حال تقریباً یہی ہے۔ ذرا سوچیں! کیا اس سے صدقہ فطر کا مقصد پورا ہو رہا؟

قبل نماز عید صدقہ دینے کا مطلب یہ سمجھ لیا گیا کہ نماز سے ذرا دیر پہلے ہی یہ صدقہ

دیا جائے گا، اس سے پہلے نہیں۔ عید کے دن دکانیں عام طور پر بند رہتی ہیں، اگر کسی غریب کو اپنے بچوں کو کھانا کھلانے کی ضرورت ہو تو وہ کیسے انتظام کرے گا اور اس کے بچے عید کی مسرتیں کیسے حاصل کریں گے۔ روح شریعت کا تقاضا ہے کہ آپ دو چار دن پہلے اپنے محلے، بستی اور شہر کے غرباء تک اپنا صدقہ فطر پہنچادیں، نماز عید کا انتظار نہ کریں۔ حدیث میں صدقہ فطر ادا کرنے کی آخری حد بتائی گئی ہے، صدقہ فطر نکالنے کے وقت کی تعیین ہم اپنے حالات اور ضروریات کے مطابق کریں گے۔

## (۲) صدقہ فطر کی مقدار

ایک دوسرا اہم مسئلہ صدقہ فطر کی مقدار کا ہے۔ شریعت نے اس کے لیے جو پیمانہ مقرر کیا ہے، وہ ایک صاع ہے۔ ہماری کتب فقہ میں دو طرح کے صاع کا ذکر ملتا ہے: ایک صاع حجازی اور دوسرا صاع عراقی۔ حجازی صاع چھوٹا ہوتا ہے جب کہ عراقی صاع اس کے مقابلے میں بڑا ہوتا ہے۔ ہمارے ائمہ فقہ میں کچھ لوگ حجازی صاع کو معیار تسلیم کرتے ہیں، جب کہ امام اعظم ابو حنیفہ رحمہ اللہ کے یہاں معیار عراقی صاع ہے۔ حجازی صاع میں ڈھائی کلو کے آس پاس گیہوں آتا ہے جب کہ عراقی صاع میں تقریباً تین کلو گیہوں آتا ہے۔ گیہوں عہد رسالت میں حجاز میں پایا نہیں جاتا تھا، جو کی روٹی وہاں عام طور پر کھائی جاتی تھی، اسی لیے جو کا ذکر احادیث میں کثرت سے ملتا ہے۔ جب سیدنا امیر معاویہ رضی اللہ عنہ نے خلافت کی ذمہ داری سنبھالی تو انھوں نے شام سے گیہوں حجاز کے مختلف علاقوں میں بھیجنا شروع کیا۔ اہل مدینہ بھی گیہوں کی روٹی بہت شوق سے کھانے لگے، صحابہ کرام چوں کہ اپنی روز مرہ کی خوراک سے صدقہ فطر نکالتے تھے، اس لیے انھوں نے گیہوں سے بھی صدقہ فطر ادا کرنا شروع کیا لیکن ٹرانسپورٹ کے اخراجات کی وجہ سے گیہوں چوں کہ کافی قیمتی تھا، اس لیے امیر معاویہ رضی اللہ عنہ نے ایک موقع پر

مدینہ آکر یہ فرمان جاری کیا کہ اگر کوئی گیہوں سے صدقہ فطر ادا کرتا ہے تو چوں کہ وہ کافی گراں ہے، اس لیے اگر وہ نصف صاع گیہوں نکال دے تو میں سمجھتا ہوں کہ اس کا صدقہ فطر ادا ہو جائے گا۔ لیکن بعض صحابہ کرام نے اس جدید فتوے کی مخالفت کی اور اصرار کیا کہ چوں کہ عہد رسالت میں ایک فرد کی طرف سے ایک پورا صاع صدقہ فطر ادا کیا جاتا تھا، اس لیے صدقہ فطر ایک صاع ہی ادا کیا جانا چاہیے۔ آج احناف کے یہاں ڈیڑھ کلو گیہوں کا جو فتوی دیا جاتا ہے، اس کی پوری حکایت یہی ہے۔ اس میں امیر معاویہ رضی اللہ عنہ کے فتوے کی پیروی کی گئی ہے جس کی مخالفت بعض صحابہ کرام بجا طور پر کر چکے ہیں۔

آپ ذرا سوچیں! ایک طرف فقہ حنفی میں یہ فتوی موجود ہے کہ اگر کوئی مسلمان کھجور سے صدقہ فطر ادا کرتا ہے تو اسے تین کلو کھجور ادا کرنا ہو گا لیکن اگر گیہوں دیتا ہے تو صرف ڈیڑھ کلو گیہوں دینے سے صدقہ فطر ادا ہو جائے گا۔ پروفیسر نجات اللہ صدیقی نے امام ابویوسف کی کتاب الخراج کا ترجمہ کیا ہے، اس پر انھوں نے بڑا علمی اور مفید مفصل مقدمہ لکھا ہے، اس میں انھوں نے ذکر کیا ہے کہ ایک بار قاضی ابویوسف مدینہ منورہ تشریف لائے، امام مالک رحمہ اللہ کے تلامذہ سے کئی ایک مسائل پر علمی گفتگو ہوئی۔ ان میں ایک مسئلہ صاع کا بھی تھا۔ جب مدینہ منورہ میں موجود صحابہ کرام کی نسلوں کے سو (۱۰۰) گھروں سے صاع منگایا گیا جو ایک ہی پیمانے کے تھے تو قاضی ابویوسف نے صاع کے مسئلے میں اپنے استاذ کے مسلک سے رجوع کر لیا اور حجازی صاع کو معیار تسلیم کر لیا اور یہ بھی فرمایا کہ اگر میرے استاذ حیات ہوتے تو اتنی کثرت میں ایک پیمانے کے صاع کو دیکھ کر حجازی صاع ہی کو معیار تسلیم کر لیتے۔ اب آپ ذرا احناف کی تقلید پسندی دیکھیں کہ وہ آج بھی ہندوستان جیسے ملک میں ڈیڑھ کلو گیہوں صدقہ فطر میں

ادا کرنے کا فتویٰ دیتے ہیں جب کہ ہمارے ملک میں سب سے سستا اناج یہی ہے۔ احناف کے دوسرے گروہ جن کو لوگ بریلوی سے تعبیر کرتے ہیں، وہ بے چارے رات دن مدینہ کی گلیوں میں مرنے جینے کی بات کرتے ہیں لیکن سرکار مدینہ کے صاع کو معیار تسلیم کرنے کی بجائے عراق کے صاع کو ترجیح دیتے ہیں۔ یہاں محبت رسول اور عشق رسول کی تمام باتیں ہوا ہو جاتی ہیں اور تقلید جامد کا جادو سر چڑھ کر بولتا ہے اور اس سے ایک انچ بھی پیچھے نہیں ہٹتے۔

مختصر یہ کہ حجازی صاع ہی شرعی احکام کے لیے معتبر ہے، اس میں ڈھائی کلو کے آس پاس گیہوں آتا ہے، آپ اگر واقعی اپنے نبی سے سچی محبت کرتے ہیں اور ہر مسلمان یقیناً کرتا ہے تو غریبوں کا حق مت ماریے اور ڈیڑھ کلو گیہوں کی بجائے ڈھائی کلو ہر فرد کی طرف سے صدقہ فطر ادا کیجیے۔ اس مسئلے میں امام اعظم کا مسلک کمزور ہے جب کہ ان کے شاگرد رشید کا مسلک حدیث اور روح شریعت کے مطابق ہے۔ اگر اپنے استاذ کی بات ترک کر کے قاضی ابویوسف کی حنفیت پر فرق نہیں آتا تو اس مسئلے میں صحیح حدیث پر عمل کرنے سے آپ کی بھی حنفیت متاثر نہیں ہو گی۔ ایک مسلمان کی حیثیت سے ہم صرف کتاب و سنت پر عمل کرنے کے پابند ہیں مسالک کا وجود تو بہت بعد میں ہوا ہے، ان سے وابستگی غیر ضروری بلکہ بعض صورتوں میں غیر شرعی ہے۔

## (۳) صدقہ فطر میں قیمت یا اناج

ایک تیسرا بڑا اہم مسئلہ یہ ہے کہ صدقہ فطر میں قیمت ادا کریں یا اناج۔ سعودی عرب کے بعض محترم مفتیان کرام کا اصرار ہے کہ صدقہ فطر میں صرف اناج دینے سے صدقہ فطر ادا ہو سکتا ہے، اگر آپ نے اس کی قیمت ادا کی تو صدقہ فطر ادا نہیں ہو گا۔ امام احمد بن حنبل رحمہ اللہ کا مسلک یہی ہے اور اسی مسلک کے زیر اثر یہ فتویٰ شدو مد کے

ساتھ دیا جاتا ہے۔ ہمارے ملک میں اہل حدیث جماعت کے بیشتر علماء بھی یہی فتویٰ دیتے ہیں اور ہر سال اس قسم کی تحریریں سامنے آتی ہیں کہ اگر اناج کی بجائے آپ نے اس کی قیمت دی تو صدقۂ فطر ادا نہیں ہو گا۔

دلیل یہ دی جاتی ہے کہ عہدِ رسالت میں درہم و دینار کی دستیابی کے باوجود اگر اناج دیا گیا ہے تو سنت یہی ہے کہ اناج دیا جائے۔ لیکن ذرا سوچیں کہ صدقۂ فطر کا مقصد غریبوں کو خوراک فراہم کرنا ہے۔ ایک غریب فیملی اپنے بچوں کے ساتھ عید کے دن بھر پیٹ کھانا کھا لے اور اسے کسی کے سامنے دستِ سوال دراز نہ کرنا پڑے۔ کیا یہ ضرورت گیہوں، آٹے اور چاول سے پوری ہو جاتی ہے۔ ایک بیوہ عورت جس کے پاس دو تین چھوٹے چھوٹے یتیم بچے ہیں، اگر آپ نے اپنا پندرہ بیس کلو صدقے میں نکالا ہوا گیہوں، آٹا یا چاول اس بیوہ کو دے دیا تو کیا وہ اس سے اپنا چولھا گرم کر سکے گی۔ اس کے ساتھ دال، سبزی یا گوشت کی ضرورت ہو گی جس سے وہ اپنے بھوکے بچوں کو کھانا کھلا سکے گی۔ اب اس کے سامنے متبادل یہ ہو گا کہ اگر زکوۃ و صدقات میں ملی ہوئی کوئی رقم اس کے پاس موجود ہے تب تو وہ روٹی اور چاول کے ساتھ کھانے کے لیے کسی سالن کا انتظام کر لے گی لیکن اگر کوئی دوسری رقم موجود نہ ہوئی تو اس کی ہنڈیا کیسے پکے گی، اس پر ہمیں غور کرنا چاہیے۔ اگر وہ دو چار کلو آٹا یا چاول بازار میں جا کر فروخت کرتی ہے تو کس حساب سے کوئی دکاندار اس سے خریدے گا۔ آپ نے اگر آٹا پچیس روپے میں اور چاول پچاس روپے فی کلو خریدا ہے تو اس بے چاری سے وہ دکاندار آٹا دس روپے اور چاول بیس روپے فی کلو خریدے تو اس کا یہ بڑا احسان ہو گا۔ اپنا صدقۂ فطر ہم نے بے معنیٰ بنا دیا ہے اور ایک غریب کو عید کے دن خوراک فراہم کرنے کا جو مقصد تھا، وہ ہماری حرفیت پسندی اور ظاہریت کی وجہ سے بے معنیٰ بن گیا ہے۔ صحیح فتویٰ تو یہ ہو سکتا تھا کہ اگر آپ

کی فیملی میں دس افراد ہیں تو پانچ کی طرف سے اناج اور پانچ کی طرف سے صدقہ فطر کی قیمت نکال کر دو چار غریب فیملی کو دے دیں تا کہ وہ کھانا کھالیں لیکن مقاصد شریعت جب نگاہوں سے اوجھل ہو جاتے ہیں اور کچھ بڑے لوگوں کی تقلید سر پر سوار ہو جاتی ہے تو اسی طرح کے لایعنی فتوے صادر کیے جاتے ہیں جو روح شریعت اور مقاصد شریعت کو سخت نقصان پہنچاتے ہیں۔

یہاں تین باتیں آپ حضرات کے گوش گزار کرنا چاہتا ہوں، ان سے مسئلے کی نوعیت سمجھنے میں ان شاءاللہ آپ کو مدد ملے گی:

(۱) عہد رسالت میں عام طور پر جس طرح کا لوگ کھانا کھاتے تھے اور آج ہمارے دور میں ایک متوسط فیملی جس قسم کا کھانا کھاتی ہے، اس میں کافی فرق ہے۔ احادیث میں جن اجناس سے صدقہ فطر ادا کرنے کی بات معلوم ہوتی ہے، ان میں سرفہرست جو، کھجور، کشمش اور پنیر ہیں۔ ایک غریب بیوہ نے جو کوٹے، کھجور کے ٹکڑے کیے، کشمش اور پنیر ڈالا اور ہانڈی چولھے پر چڑھا دی، تھوڑی دیر میں عربوں کا مرغوب کھانا تیار ہو گیا۔ لیکن ہمارے ملک میں صرف آٹے اور چاول سے کچھ نہیں ہو سکتا جب تک دال، سبزی اور گوشت اس کے ساتھ نہ ہو۔ کھانے کے اس فرق کو ہمارے مفتیان کرام کیوں ملحوظ نہیں رکھتے اور ایک ایسے فتوے پر اصرار کرتے ہیں جو صدقہ فطر کے مقصد اور اس کی روح کے خلاف ہے۔

(۲) ہمیں معلوم ہے کہ عہد رسالت میں اہل یمن کا عام پیشہ کپڑے بنانا تھا۔ ہمارے نبی صلی اللہ علیہ وسلم کا خاص حکم تھا کہ اہل یمن اگر کپڑے کی صورت میں زکوٰۃ نکالیں تو ان کے لیے بھی سہولت ہو گی اور اہل مدینہ کو بھی آسانی ہو گی کہ ان کو بآسانی بیت المال سے کپڑے مل جائیں گے۔ عہد رسالت میں یہ تو ہو نہیں سکتا کہ یمن میں جانور پالنے والے

اور دوسری نوعیت کی تجارت کرنے والے لوگ نہ رہے ہوں۔ ایسی صورت میں اگر جانور اور درہم و دینار کی زکوٰۃ کپڑے کی صورت میں قبول کی جاسکتی ہے تو صدقہ فطر ہماری اپنی ضرورت کی وجہ سے روپے پیسے کی شکل میں کیوں نہیں ادا کی جاسکتی۔ عید کے دن برصغیر میں عام طور سے میٹھی سوئیاں کھانے کا رواج ہے، گیہوں اور چاول ادا کرنے کی صورت میں ایک غریب کو سوئیاں کہاں سے ملیں گی اور وہ بھی عید کے دن جب کہ عام طور پر دکانیں بند ہوتی ہیں۔

(۳) عہد رسالت کا مدنی دور جس میں اسلام پورے طور پر جلوہ گر تھا، اسلام کے تمام احکام و قوانین اپنی جگہ لے چکے تھے۔ بیت المال کا نظام قائم تھا، عہد خلفائے راشدین میں غرباء کار جسٹریشن بھی ہو چکا تھا۔ ہر غریب کو وظائف وقت پر مل جایا کرتے تھے اور ان کی ضروریات پوری ہو جایا کرتی تھیں۔ ایسی صورت میں عید کے دن صدقہ فطر میں اناج ملنے سے ان کی خوشیاں دوبالا ہو جاتی تھیں۔ کھانے کے علاوہ ضروریات کی دیگر چیزیں انھیں پہلے سے فراہم تھیں۔ لیکن ہمارے اپنے دور میں خاص طور پر اپنے ملک میں جب بیت المال کا کوئی ہمارا اپنا نظام نہیں ہے، بڑے شہروں میں یہ بھی پتہ نہیں چلتا کہ کتنے سفید پوش ایسے ہیں جن کے گھروں میں گزشتہ دو دنوں سے فاقہ ہو رہا ہے۔ عام فقراء اور غرباء تو دست سوال دراز کر لیتے ہیں، دوسروں کے دروازوں پر پہنچ کر اپنی ضرورتوں کا اظہار کر لیتے ہیں لیکن سفید پوشوں کا کوئی پرسان حال نہیں۔ اس بگڑے ہوئے نظام میں ایک خاص مسئلے میں ایک مستحکم اور رواں دواں نظام میں مروج صورت حال کو نافذ کرنے کی کوشش کرنا غیر معقول طرزِ عمل ہے، پہلے آپ نظام اسلامی قائم کریں، ہر مسئلے کو اس کی جگہ رکھیں، اس کے بعد اپنے اس فتوے پر اصرار کریں تو بات ان شاء اللہ معقول ہوگی، لوگوں کی سمجھ میں آئے گی اور پھر شرح صدر کے ساتھ لوگ

اس پر عمل بھی کریں گے۔

مختصر یہ کہ روپے پیسے کی شکل میں صدقہ فطر ادا کرنے میں کوئی قباحت نہیں ہے بلکہ شریعت کی جو حکمت ہے اور جو اس کا اہم مقصد ہے، موجودہ حالات میں، ہمارے اپنے ملک میں وہ روپے کی شکل میں صدقہ فطر ادا کرنے سے زیادہ خوش اسلوبی سے پورا ہو جاتا ہے۔ اللہ سے دعا ہے کہ وہ ہمیں اسلام کے تمام احکام و مسائل کو سمجھنے اور ان کی حکمتوں اور مقاصد کو پیش نظر رکھ کر ان پر عمل کرنے کی توفیق عطا فرمائے۔ آمین

٭ ٭ ٭

# دعائے افطار کی تحقیق و تخریج

## مامون رشید ہارون رشید

رمضان المبارک کا مہینہ ہم پر سایہ فگن ہے اور ماشاءاللہ مسلمانوں کی اکثریت صیام رمضان کی پابندی کرتی ہے لیکن چونکہ مسلمانوں میں یہ بات رائج اور مشہور و معروف ہے کہ اللہ کے نبی صل اللہ علیہ وسلم نے ہر ہر عمل کے لیے الگ سے خاص طور پر کوئی نہ کوئی دعا سکھلائی ہے گرچہ یہ بات غلط اور بے اصل ہے مگر اسی زعم کی بنا پر اس ماہ مبارک میں افطاری کے وقت کون سی دعا پڑھی جائے یہ مسئلہ اختلاف وانتشار اور الجھاؤ کی صورت اختیار کرتا جا رہا ہے۔

بعض علما کہتے ہیں کہ روزہ افطاری کے وقت دعا کی بابت کوئی حدیث صحیح و ثابت نہیں ہے تو کچھ علما اس سلسلے میں وارد اد عیہ واذکار میں سے بعض کو ضعیف اور بعض کو صحیح یا حسن قرار دے کر افطاری کے لیے دعا ثابت کرنے کی کوشش کرتے ہیں۔

ان ہی ادعیہ میں سے ایک دعا ہے: "ذهب الظمأ وابتلت العروق و ثبت الأجر إن شاء الله"۔ یہ دعا پہلے سے معروف دعا: "اللهم لك صمت وعلى رزقك أفطرت" کی جگہ دعائے افطاری کا مقام اختیار کر چکی ہے۔ چونکہ اول الذکر دعا سخت ضعیف تھی اور ثانی الذکر دعا کو شیخ البانی وغیرہ محققین نے صحیح یا حسن قرار دیا تھا اس لیے یہ دعا علماء کے ہاں بھی رواج پا گئی اور اہل علم طبقے نے بھی اسے اپنا لیا۔

مگر کچھ دنوں پہلے ایک تحریر میری نگاہوں سے گزری جس میں اس بات کی طرف اشارہ تھا کہ:"ذهب الظمأ وابتلت العروق و ثبت الأجر" والی یہ دعا بھی ضعیف ہے۔ لیکن مجھے پہلے سے معلوم تھا کہ دعائے مذکور کو علامہ البانی وغیرہ محدثین نے صحیح قرار دیا ہے اس لیے مجھے تحقیق کی جستجو ہوئی اور اس حدیث کی تحقیق و تخریج میں لگ گیا۔ تفصیل آپ کے سامنے ہے:

اولا: مکمل متن حدیث: عن مروان یعنی ابن سالم المقفع، قال: «رأیت ابن عمر یقبض علی لحیته، فیقطع ما زاد علی الکف» وقال: کان رسول اللہ صلی اللہ علیه وسلم، إذا أفطر قال: «ذهب الظمأ وابتلت العروق، وثبت الأجر إن شاء اللہ»

ترجمہ: مروان بن سالم مقفع کہتے ہیں کہ میں نے سیدنا ابن عمرؓ کو دیکھا کہ وہ داڑھی کو اپنی مٹھی میں لیتے اور اس سے جو بڑھی ہوئی ہوتی اسے کاٹ ڈالتے۔ اور بیان کیا کہ رسول اللہ ﷺ جب روزہ افطار کرتے تو یہ دعا پڑھتے تھے «ذهب الظمأ وابتلت العروق وثبت الأجر إن شاء اللہ» "پیاس بجھ گئی، رگیں تر ہو گئیں اور اللہ نے چاہا تو اجر بھی ثابت ہو گیا۔"

تخریج حدیث:

(۱) اس حدیث کو امام ابو داؤد نے اپنی سنن (حدیث نمبر: ۲۳۵۷) کے اندر "حدثنا عبد اللہ بن محمد بن یحیی أبو محمد، حدثنا علي بن الحسن، أخبرني الحسین بن واقد، حدثنا مروان -یعني ابن سالم المقفع- قال: رأیت ابن عمر یقبض علی لحیته فیقطع ما زاد علی الکف، وقال:... کے طریق سے روایت کیا ہے۔

اور اسے روایت کیا ہے:

(۲) امام ابن ابی الدنیا نے "فضائل رمضان" (حدیث:۲۹) کے اندر اپنے والد محمد

بن عبید اللہ بن سفیان البغدادی سے

(۳) اور امام بزار نے اپنی "مسند" (حدیث: ۵۳۹۵) کے اندر اِبراہیم بن سعد الجوهری سے

(۴) اور امام نسائی نے "السنن الکبری" (حدیث: ۳۳۱۵ و ۱۰۰۵۸) اور "عمل الیوم واللیلۃ" (حدیث: ۲۹۹) کے اندر قریش بن عبدالرحمن سے

(۵) اور امام بیہقی نے "السنن الکبری للبیہقی" (حدیث: ۸۱۳۳) اور "الدعوات الکبیر" (حدیث: ۴۹۹) کے اندر یحیی بن أبی طالب کے طریق سے

(۶) اور امام طبرانی نے "المعجم الکبیر" (حدیث: ۱۴۰۹۷) کے اندر عبد اللہ بن أبی عوانۃ الشاشی کے طریق سے

(۷) اور امام حاکم نے "المستدرک علی الصحیحین" (حدیث: ۱۵۳۶) کے اندر اِبراہیم بن هلال کے طریق سے

(۸) اور امام ابن السنی نے "عمل الیوم واللیلۃ" (حدیث: ۴۸۷) کے اندر قریش بن عبدالرحمن کے طریق سے

(۹) اور امام دار قطنی نے "سنن دار قطنی" (حدیث: ۲۲۷۹) کے اندر علی بن مسلم کے طریق سے

(۱۰) اور امام بغوی نے "شرح السنۃ" (حدیث: ۱۴۷۰) کے اندر یحیی بن أبی طالب کے طریق سے

(۱۱) اور قوام السنۃ امام اسماعیل اصبهانی نے "الترغیب والترهیب" (حدیث: ۱۸۰۴) کے اندر أحمد بن بکر بن سیف المروزی کے طریق سے

(۱۲) اور امام جمال الدین مزی نے "تهذیب الکمال" (۲۷/۳۹۱) کے اندر أحمد

بن بکر بن سیف المروزی کے طریق سے

سبھوں نے یعنی (إبراهيم بن سعيد، قريش بن عبد الرحمن، علي بن مسلم، إبراهيم بن هلال، يحيى بن أبي طالب، أحمد بن بكر، محمد بن عبيد الله، اور عبد الله بن أبي عوانة) نے عن علي بن الحسن، أخبرني الحسين بن واقد، حدثنا مروان بن سالم المقفع، قال: «رأيت ابن عمر ...کی سند سے حدیث مذکور کو روایت کیا ہے۔

اس حدیث کو مذکورہ سند کے ساتھ ذکر کرنے کے بعد امام بزار فرماتے ہیں "وهذا الحديث لا نعلمه يروى عن النبي صلى الله عليه وسلم إلا من هذا الوجه بهذا الإسناد" یعنی میرے علم کے مطابق یہ حدیث اللہ کے رسول سے صرف اسی طریق سے اسی سند کے ساتھ مروی ہے۔(مسند البزار: ۱۲/ ۲۴)

سند حدیث کا دراسہ:

(۱) علي بن الحسن بن شقيق المروزي: ثقة حافظ من كبار العاشرة مات سنة خمس عشرة وقيل قبل ذلك ع (تقريب التهذيب رقم الترجمة: ۴۷۰۶) یعنی یہ ثقہ اور حافظ ہیں۔ ایسے لوگوں کی روایت صحت کے اعلیٰ درجے میں ہوتی ہے۔

(۲)حسين بن واقد المروزي: ثقة له أوهام من السابعة مات سنة تسع ويقال سبع وخمسين خت م ٤ (تقريب التهذيب رقم الترجمة:۱۳۵۸) مولفین تحریر تقریب التہذیب اس پر تعاقب کرتے ہوئے لکھتے ہیں: بل: صدوق حسن الحديث، یعنی یہ ثقہ نہیں بلکہ صدوق ہیں اور ان کی حدیثیں حسن ہوتی ہے۔

لیکن ان کا یہ تعاقب صحیح نہیں ہے کیونکہ اس راوی کو صرف امام یحییٰ بن معین نے ثقہ کہا ہے۔ جبکہ امام احمد بن حنبل نے فرمایا ہے: وأحاديث حسين ما أدري

أي شيء هي، ونفض يده" (الضعفاء للعقيلي، الورقة ٤٧) (حسین کی
احادیث؟ مجھے نہیں معلوم یہ سب کیا ہیں۔ اور آپ نے اپنے ہاتھوں کو ہلا دیا)

اسی طرح امام احمد سے أيوب عن نافع عن ابن عمر عن النبي
عليه السلام کی سند سے "ملبقۃ" سے متعلق مروی ایک حدیث کے بارے میں
دریافت کیا گیا تو انھوں نے اس حدیث کا انکار کیا، اور کہا کہ اسے کس نے روایت کیا ہے؟
کہا گیا: حسین بن واقد نے تو آپ نے ہاتھ سے اشارہ کیا اور سر ہلا دیا گویا آپ اس سے
راضی نہ ہوئے۔ (الضعفاء للعقيلي، الورقة ٤٧)

اسی طرح امام ابن حبان نے فرمایا: ربما أخطأ في الروايات (تهذیب
الکمال: (٢٩٤/١) (بسا اوقات یہ روایت حدیث میں غلطی کر جاتا ہے)

یہ سب جروح مفسر ہیں جن کا اعتبار لازمی ہے اور انہی کا اعتبار کرتے ہوئے امام ابن
حجر نے "ثقۃ لہ أوهام" کہا ہے۔ لہذا ایسے راویوں کی روایت اگر غرابت اور تفرد سے خالی
ہو تو حسن ہوتی ہے اور جہاں محدث و محقق کو جمع طرق اور مکمل دراسہ کے بعد یہ لگے کہ
ان کی یہ روایت ان کے أخطاء و اوہام میں سے ہے تو اس حدیث پر ضعف کا حکم لگایا جائے
گا۔ اور شاید روایت مذکور بھی ان کے اوہام میں سے ہے۔ (یہ ایک اضافی علت ہے)

(٣) مروان المقفع: حافظ ابن حجر رحمہ اللہ تقریب التهذیب (٦٥٦٩) میں فرماتے
ہیں کہ یہ راوی "مقبول" ہے۔ اور حافظ موصوف تقریب مذکور کے مقدمہ میں فرماتے
ہیں کہ مقبول کا مطلب ہے "مقبول إذا توبع وإلا فلين" یعنی روایت حدیث میں
ایسے راوی کی اگر کوئی متابعت کرے تو وہ راوی مقبول درجے کا ہو گا ورنہ اگر متابعت نہ ہو
تو پھر ضعیف۔

حافظ ابن حجر کے اس حکم پر تعلیق لگاتے ہوئے مصنفین تحریر تقریب التهذیب

لکھتے ہیں: بل: مجهول الحال، فقد تفرد بالرواية عنه اثنان فقط،
وذكره ابن حبان وحده في "الثقات"، وليس له في الكتب
الستة سوى حديث واحد أخرجه أبو داود (٢٣٥٧)، والنسائي
في (الكبرى) (٣٣٢٩) و"عمل اليوم والليلة" (٢٩٩)، وقد
استغربه الحافظ أبو عبد الله بن منده۔

یعنی یہ راوی مقبول نہیں مجهول الحال ہے، ان سے صرف دو راویوں نے روایت کیا
ہے۔ اور تنہا ابن حبان ہی نے انھیں "الثقات" میں ذکر کیا ہے۔ کتب ستہ میں ان کی
صرف ایک ہی حدیث ہے جسے امام ابو داؤد اور امام نسائی نے السنن الکبری اور عمل الیوم
واللیلۃ کے اندر روایت کیا ہے اور حافظ ابن مندہ نے اسے غریب قرار دیا ہے۔

یہی صحیح ہے کہ راوی مذکور مجهول الحال ہے۔

اور امام شمس الدین ذہبی رحمہ نے " الکاشف (٥٣٦٥)" کے اندر فرمایا"وثق "
یعنی اس راوی کی توثیق کی گئی ہے۔

تنبیہ : امام ذہبی کسی راوی کے بارے میں "وثق " اور امام ابن حجر "مقبول" اس
وقت کہتے ہیں جب اس راوی کی سوائے ابن حبان کے "الثقات" میں ذکر کرنے کے
علاوہ کسی نے توثیق نہ کی ہو۔

حکم الحدیث:

تحقیق و دراسہ کے بعد معلوم ہوا کہ حدیث مذکور ضعیف ہے۔ اس حدیث کو درج
ذیل محدثین نے ضعیف قرار دیا ہے:

(١) امام شمس الدین ذہبی۔ جیسا کہ امام سبط ابن العجمی نے ان سے نقل کیا ہے:
مروان بن سالم دس المقفع عن بن عمر رضي الله عنهما
مرفوعا يقول إذا أفطر ذهب الظمأ وابتلت العروق وثبت الأجر إن
شاء الله رواه عنه الحسين بن واقد حدث عنه عزرة بن ثابت
انتهى لم يذكر فيه الذهبي توثيقا لكنه ذكره في حكيم

للتمييز واستنكر عليه هذا الحديث الذي ساقه في ترجمته فيما يظهر وقد ذكره في تذهيبه وذكر له هذا الحديث وذكر توثيقه عن بن حبان وفي الكاشف قال فيه وثق وقد رأيته في ثقات بن حبان" (الكشف الحثيث : ص ٢٥٥)

محلِ شاہد "واستنكر (أي الذهبي) عليه هذا الحديث الذي ذكره في تذهيبه" یعنی امام ذہبی نے اس حدیث کو منکر سمجھا ہے۔

(٢) امام سبط ابن العجمی: امام موصوف نے امام ذہبی کا اس حدیث کو منکر قرار دینا نقل کیا ہے اور اس پر کوئی تعاقب نہیں کیا۔

(٣) امام مقبل بن ہادی الوادعی: مستدرک کی تعلیق میں امام حاکم کے اوہام کا استدراک کرتے ہوئے شیخ فرماتے ہیں:

الثالث: أن الحديث ضعيف، لأنه يدور على مجهول الحال" حدیث ضعیف ہے کیونکہ اس کا مدار مجہول الحال راوی پر ہے۔ (المستدرک علی الصحیحین ت الوادعی: ٥٨٣/١)

(٤) دکتور عمر بن عبد اللہ المقبل حفظہ اللہ: شیخ فرماتے ہیں: إسناده ضعيف، لجهالة مروان المقفع، ولتفرد الحسين بن واقد به، قال الإمام الدارقطني عقب إخراج الحديث" تفرد به الحسين بن واقد وإسناده حسن"

ونقل المزي في تهذيب الكمال "٣٩١/٢٧ عن ابن منده أنه قال: "هذا حديث غريب لم نكتبه إلا من حديث الحسين بن واقد "ومع ذلك كله صحح الحاكم

وقد تقدم في ترجمة الحسين أن له أوهاما في حديثه فلعله منها ويؤيد هذا كلام الإمامين الدارقطني وابن منده الذين نصا على تفرد الحسين به"

(مروان المقفع کی جہالت اور حسین بن واقد کے تفرد کی وجہ سے اس حدیث کی سند ضعیف ہے۔ امام دار قطنی نے حدیث کی تخریج کے بعد فرمایا: اس حدیث کو روایت کرنے میں حسین بن واقد منفرد ہے اور اس کی سند حسن ہے۔

اور امام مزی نے تہذیب الکمال کے اندر ابن مندہ سے نقل کیا ہے کہ انھوں نے
فرمایا: یہ حدیث غریب ہے ہم نے اسے صرف حسین بن واقد ہی کی سند سے لکھا ہے۔ شیخ
فرماتے ہیں کہ اس کے باوجود امام حاکم نے اسے صحیح قرار دیا ہے۔ شیخ آگے لکھتے ہیں:
حسین کی سوانح عمری میں یہ بات گزر چکی ہے کہ ان کے کچھ اوہام ہیں اور شاید یہ انہی میں
سے ہے اور اس بات کی تائید کرتی ہے۔ امام دار قطنی اور امام ابن مندہ کی بات جنھوں نے
اس حدیث کو روایت کرنے میں حسین کے منفرد ہونے کی صراحت کی ہے) اس سے
واضح ہوتا ہے کہ اس مقام پر امام دار قطنی کی تحسین کو متاخرین محدثین کی اصطلاح میں
معروف حسن پر محمول کرنا مناسب نہیں ہے، بلکہ ظاہر یہ ہے کہ "اسنادہ حسن" سے امام
دار قطنی کا مقصود اس کی غرابت کی طرف اشارہ کرنا ہے۔ (کیونکہ اسنادہ حسن کہنے سے
قبل امام موصوف نے اس حدیث کی غرابت کو بیان کیا ہے اس کے بعد حدیث پر حسن کا
حکم لگایا ہے) جیسا کہ یہ بات ان ائمہ کی اصطلاحات سے معلوم ہے جو تفرد اور غرابت
مراد لیتے ہوئے حسن کا اطلاق کرتے ہیں۔

(زوائد السنن الأربع على الصحيحين في أحاديث الصيام:
ص: ۲۴۱)

(۵)علامہ ابن عثیمین رحمہ اللہ:"فیہ ضعف"( مجموع الفتاوى للشیخ محمد بن صالح
العثیمین(۱۹/ ۳۶۳)

جبکہ محدثین کی ایک کثیر تعداد نے اسے حسن قرار دیا ہے:

(۱)الإمام الدار قطني "إسنادہ حسن" سنن الدار قطني (۲/ ۴۰۱ح:۲۲۷۹)

(۲/ موفق الدین ابن قدامة: "إسنادہ حسن "المغني(۳/ ۱۷۶ )

(۳)ابن حجر عسقلانی:" حسن "الفتوحات الربانية(۴/ ۳۳۹ )

(۴)جلال الدین سیوطی :" صحیح "الجامع الصغیر (۱/ ۷۵۴ )

(۵) ابن تیمیہ: حیث نقل تحسین الدار قطنی ولم یتعقبہ (شرح العمدۃ ۱۵۱۳/)

(۶) ابن مفلح: حیث نقل تحسین الدار قطنی ولم یتعقبہ (الفروع: ۵۵/۳)

(۷) ابن الملقن: البدر المنیر (۵/۷۷)

(۸) البانی: "حسن" إرواء الغلیل (۹۲۰)

(۹) ابن باز: "إسنادہ حسن" حاشیۃ بلوغ المرام (۴۰۷)

(۱۰) ابن عثیمین: "إسنادہ حسن" مجموع فتاوی ابن عثیمین (۲۴۱/۲۰)

(۱۱) شعیب الأرنؤوط: "إسنادہ حسن" تخریج سنن أبی داود (۲۳۵۷)

(۱۲) حافظ زبیر علی زئی: "إسنادہ حسن" تحقیق حصن المسلم" (ص: ۱۳۷)

(۱۳) شیخ عبد الرؤف عبد الحنان: "إسنادہ حسن" الدعاء المقبول (ص: ۲۴۹)

(۱۴) امام ابو عبد اللہ حاکم "ہذا حدیث صحیح علی شرط الشیخین، فقد احتجا بالحسین بن واقد و مروان بن المقفع" المستدرک علی الصحیحین، حدیث: ۱۵۳۶)

تنبیہ : مستدرک کی تعلیق میں امام حاکم کے اوہام کا استدراک کرتے ہوئے شیخ مقبل بن ہادی الوادعی فرماتے ہیں: فیہ أوہام:

أول: امام بخاری نے حسین بن واقد سے حجت نہیں پکڑی ہے۔

ثانی: مروان المقفع کا ترجمہ "تھذیب التھذیب" کے اندر ہے۔ یہ بخاری اور مسلم کے رواۃ میں سے نہیں ہیں، امام ابن حجر نے ان سے روایت کرنے والوں میں صرف حسین بن واقد اور عزرۃ بن ثابت کے علاوہ کسی کا ذکر نہیں کیا ہے۔ اور کسی معتبر محدث نے ان کی توثیق نہیں کی ہے۔ امام ابن حجر نے "تھذیب التھذیب" کے اندر اس پر تنبیہ کی ہے۔

ثالث: حدیث ضعیف ہے کیونکہ اس کا مدار مجہول الحال راوی پر ہے۔ (المستدرک

علی الصحیحین ت الوادعی:۱ / ۵۸۳)

سبب اختلاف: اس حدیث کے حکم میں اختلاف کا سبب امام دار قطنی کی تحسین کے فہم میں اختلاف اور مروان المقفع کے درجہ کے بارے میں صحیح رائے کی تعین میں اختلاف ہے:

میرے علم کے مطابق سب سے پہلے امام دار قطنی نے حدیث مذکور کو حسن کہا ہے پھر بعد میں آنے والوں نے ان کی اتباع کرتے ہوئے حدیث کو حسن یا صحیح قرار دیا ہے۔

لیکن پہلی بات تو یہ ہے کہ امام دار قطنی کے اطلاق حسن سے اصطلاحی حسن مراد نہیں ہے جیسا کہ پیچھے اس امر کی وضاحت گزر چکی ہے۔ لہذا جب معتمد علیہ ہی قابل اعتماد نہ ہو تو معتمد کا کوئی اعتبار نہیں رہ جاتا۔

اور دوسری بات یہ ہے کہ امام دار قطنی بھی تقریبا امام ابن حبان کی طرح مجہول الحال رواۃ کی توثیق میں متساہل ہیں۔ جیسا کہ امام سخاوی نے امام دار قطنی سے ان کا یہ قول نقل کیا ہے "من روی عنه ثقتان فقد ارتفعت جهالته وثبتت عدالته"

یعنی جس راوی سے دو راوی روایت کرے ان کی جہالت رفع ہو جاتی ہے اور عدالت ثابت ہو جاتی ہے۔ (فتح المغیث ۱ / ۳۲۰)

لہذا ان کی تحسین کا کوئی اعتبار نہیں جب تک کہ سند کا ایک راوی مجہول اور دوسرا راوی واہم ہے۔

چند شبہات کا ازالہ:

کچھ لوگ یہ کہتے ہیں کہ گرچہ کسی محدث نے مروان المقفع کی توثیق نہیں کی ہے لیکن امام ابن حبان کے الثقات میں ذکر کرنے اور امام دار قطنی وامام حاکم وغیرہم کے ان

کی روایت کو حسن قرار دینے سے ضمنی توثیق حاصل ہو جاتی ہے خاص کر اس سند میں کیونکہ یہ سند غریب ہے۔ اس حدیث کو تنہا مروان ہی روایت کر رہے ہیں اس کے باوجود ائمہ مذکورین نے اس حدیث کو حسن قرار دیا ہے۔ اور یہ ایک قاعدہ بھی ہے کہ اگر کوئی امام کسی سند کو صحیح یا حسن قرار دے تو اس سے سند کے اندر موجود تمام رواۃ کی توثیق حاصل ہوتی ہے۔ اسی طرح اگر کوئی محدث کسی حدیث کو صحیح قرار دے اور اس کی صرف ایک ہی سند ہو تو اس سے بھی سند کے رواۃ کی توثیق ہوتی ہے۔ اسی طرح اگر حدیث کی ایک سے زائد اسانید ہوں اور کوئی محدث جو ضعیف جمع ضعیف حسن کا قائل نہ ہو تو اس سے بھی تمام رجال سند کی توثیق ہوتی ہے۔

جیسا کہ امام ذہبی نے فرمایا ہے: الثقۃ: من وثقہ کثیر، ولم یضعف. ودونہ: من لم یوثق ولا ضعف. فإن خرج حدیث ہذا في "الصحیحین"، فہو موثق بذلک. وإن صحح لہ مثل الترمذي وابن خزیمۃ، فجید أیضا. وإن صحح لہ کالدارقطني والحاکم، فأقل أحوالہ: حسن حدیثہ۔

(الموقظۃ: ص ۷۸)

یعنی ثقہ وہ ہے جسے بہت سارے محدثین نے ثقہ قرار دیا ہو اور اس کی تضعیف نہ کی گئی ہو۔ اور مرتبے میں اس سے کم وہ ہے جس کی نہ تو توثیق کی گئی ہو اور نہ ہی تضعیف۔ چنانچہ اگر ایسے راوی کی حدیث صحیحین میں روایت کی گئی ہو تو وہ اس کے ذریعے موثق ہے اور اگر ایسے راوی کی روایت کو امام ترمذی اور امام ابن خزیمہ جیسے محدثین صحیح قرار دیں تو وہ بھی جید ہے۔ اور اگر اس کی روایت کو امام دار قطنی اور امام حاکم جیسے محققین صحیح قرار دیں تو اس کی کم تر حالت یہ ہے کہ اس کی حدیث حسن ہوگی۔

لیکن یہ اعتراض اور دلیل بھی کئی وجوہ کی بنا پر صحیح نہیں ہے:

(۱): امام دار قطنی نے حدیث کی تحسین نہیں کی ہے بلکہ آپ کے اطلاق حسن سے

سند کی غرابت اور تفرد بتلانا مقصود ہے۔

(۲): امام دار قطنی کے ہاں توثیق کا مفہوم نہایت وسیع ہے جیسا کہ اوپر بیان کیا جا چکا ہے۔ لہذا ان کی تحسین سے حاصل شدہ توثیق زیادہ قابل اعتنا نہیں ہے جیسا کہ واضح ہے۔

(۳) امام حاکم کا تساہل معروف ہے کہ امام موصوف مستدرک کے اندر ضعیف، منکر، موضوع اور واہیات روایتوں کو بھی صحیح اور علی شرط الشیخین قرار دیتے ہیں۔ لہذا ان کی تصحیح کا کوئی خاص اعتبار نہیں ہے۔

(۴) امام حاکم اس حدیث کے حکم میں بھی واضح تساہل کے شکار ہیں جیسا کہ محققین نے اس کو واضح کیا ہے اور امام مقبل الوادعی کا سابقہ کلام بھی اس پر دلالت کرتا ہے۔

(۵) امام حاکم نے اس حدیث کو صحیح قرار دیتے ہوئے فرمایا ہے: "ھذا حدیث صحیح علی شرط الشیخین" چنانچہ آپ نے مروان اور حسین دونوں کو صحیحین کا راوی قرار دیا ہے لیکن مروان سے ان کا مقصود شاید مروان الاصفر ہے جیسا کہ حافظ ابن حجر رحمہ اللہ نے اس کی وضاحت کرتے ہوئے فرمایا ہے: "زعم الحاکم فی "المستدرک أن البخاری احتج بہ، فوھم، ولعلہ اشتبہ علیہ بمروان الأصفر"۔

(امام حاکم نے مستدرک کے اندر فرمایا کہ امام بخاری نے اس سے احتجاج کیا ہے لیکن یہ ان کا وہم ہے شاید ان پر معاملہ مشتبہ ہو گیا ہے چنانچہ مروان المقفع کو مروان الاصفر سمجھ بیٹھے ہیں)

(إرواء الغلیل ۴/ ۴۰ بحوالہ تھذیب التھذیب)

لہذا جب مروان سے ان کی مراد کوئی اور مروان ہے تو ان کی تصحیح سے مروان المقفع کو کیا فائدہ اور اس سے مروان المقفع کی توثیق کیسے ہو گی۔

(۶) اور جہاں تک امام ابن حبان کے "الثقات" میں ذکر کرنے سے توثیق حاصل

ہونے کی بات ہے تو یہ بھی بے معنی ہے کیونکہ امام ابن حبان نے بیشتر مجہولین کو "کتاب
الثقات" کے اندر ذکر کر رکھا ہے تو کیا ان سب کے سلسلے میں بھی وہی کہا جائے گا جو
مروان المقفع کے بارے میں کہا جارہا ہے۔وإن لا فلا..

اور جہاں تک متاخرین کی تصحیح یا تحسین کی بات ہے تو ان سب کا مرجع و مصدر یہی
کچھ چیزیں ہیں:

(۱) دار قطنی کی تحسین (۲) ابن حبان کی توثیق (۳) امام حاکم کی تصحیح (۴) ائمہ کرام
کی تصحیح یا تحسین سے ضمنی توثیق کا حصول وغیرہ لیکن ان میں سے کوئی بھی چیز سالم اور
قابل حجت نہیں ہے جیسا کہ اوپر بالتفصیل بیان گزرا۔

کچھ لوگ یہ بھی کہتے ہیں کہ چونکہ مروان المقفع اوساط تابعین میں سے ہیں اور
اوساط تابعین میں مجہول الحال راویوں کی روایت قابل قبول ہوتی ہے جیسا کہ امام ذہبی
رحمہ نے فرمایا ہے:

وأما المجهولون من الرواة: فإن كان الرجل من كبار
التابعين أو أوساطهم احتمل حديثه وتلقي بحسن الظن إذا
سلم من مخالفة الأصول ومن ركاكة الألفاظ "
( تحقيق كتاب المغني في الضعفاء ۱/۳۷۴ بحواله ضوابط
الجرح والتعديل ص: ۱۰۶)

لہذا مروان کی یہ روایت اگرچہ وہ مجہول ہیں تب بھی قبول کی جائے گی۔

لیکن یہ بات بھی غلط ہے:

اول: اس لیے کیونکہ اس طرح کے بہت سارے رواۃ کی روایتیں محدثین نے
ضعیف کہہ کرنا قابل قبول قرار دیا ہے۔

ثانی: "تلقي بحسن الظن" کا مطلب محتج بہ قرار دینا نہیں بلکہ قابل اعتبار و استشہاد
قرار دینا ہے۔ جیسا کہ حافظ ابن کثیر کا قول اس پر دال ہے۔ آپ فرماتے ہیں: ایسا مبہم

راوی جس کا نام نہ لیا گیا ہو یا جس کا نام تو لیا گیا ہو مگر اس کی جہالت عین کی جہالت رفع نہ ہوئی ہو تو ایسے راویوں کی روایت ہمارے علم کے مطابق کسی نے قبول نہیں کی ہے۔ لیکن اگر ایسا راوی عہد تابعین یا قرون مفضلہ کا ہو تو اس کی روایت سے استیناس کیا جائے گا اور بہت سارے مقامات پر اس سے کسب ضو بھی کیا جائے گا"۔ (اختصار علوم الحدیث ص:٨١)

ثالث: اکثر مجہول رواۃ تابعین ہی کے زمانے کے ہیں چنانچہ اگر سب کی روایتوں کو قابل حجت قرار دیا جائے تو راوی کے مجہول ہونے کا کوئی مطلب ہی نہیں رہ جائے گا اور علم جرح و تعدیل ایک طرح سے معطل قرار پائے گا لہذا امام ذہبی کی عبارت کا مفہوم یہ ہو گا کہ ایسے مجہول راویوں کی روایت قابل اعتبار و استشہاد ہو گی نہ کہ قابل تصحیح و حجت اور اس کے قائل اکثر محدثین ہے۔

ان تمام تفاصیل کا خلاصہ یہ ہے کہ حدیث مذکور ضعیف ہے کیونکہ اس کی سند میں کئی علتیں ہیں اور اس کا کوئی متابع یا شاہد بھی نہیں ہے مثال کے طور پر چند علتیں درج ذیل ہیں:

(١) حسین بن واقد ثقہ ہونے کے ساتھ ساتھ واہم بھی ہیں اور شاید یہ حدیث ان کے اوہام میں سے ہے۔

(٢) مروان المقفع مجہول الحال ہے جس کی متابعت مطلوب ہے مگر کوئی متابعت نہ دارد۔

(٣) حدیث سند او متنا غریب ہے۔

والله أعلم بالصواب

٭ ٭ ٭

# ماہِ رمضان اور لوگوں میں پائے جانے والے بعض وسوسے

## فاروق عبداللہ نرائن پوری

الحمد للہ رب العالمین والصلاۃ والسلام علی رسولہ محمد وآلہ وصحبہ أجمعین، أشھد أن لا إلہ إلا اللہ وحدہ لا شریك لہ وأشھد أن محمدًا عبدہ ورسولہ، أما بعد:

شیطان انسان کا ازلی دشمن ہے۔ وہ ہمیشہ انسان کو نیکی کی راہوں سے دور اور گناہ کے راستوں پر دھکیلنے کی کوشش میں لگا رہتا ہے۔ اور ہر شخص کو اس کے علم اور تقوی وپرہیزگاری کے حساب سے بہکانے کی کوشش کرتا ہے۔ چنانچہ جب کوئی شخص عبادت وبندگی میں منہمک ہوتا ہے تو اسے غلو اور افراط کے شکنجہ میں جکڑتا ہے یا پھر اس کے اندر شکوک وشبہات کے بیج بو کر اسے اصلا عبادت سے ہی دور کر دیتا ہے۔

ماہِ رمضان میں بھی بہت سارے لوگوں کو ایسے وسوسوں کا شکار دیکھا جاتا ہے۔ ذیل میں بعض ایسے وساوس کا تذکرہ کیا جا رہا ہے جسے راقم الحروف نے گذشتہ چند سالوں میں بکثرت لوگوں کے درمیان دیکھا اور سنا ہے:

ا۔ تین رات سے زیادہ باجماعت صلاۃ تراویح نہ پڑھنا:

ماہِ رمضان کے اہم اور بابرکت اعمال میں سے ایک باجماعت صلاۃ تراویح کا ادا کرنا ہے۔ لیکن بعض لوگوں کو یہ کہتے ہوئے دیکھا اور سنا جاتا ہے کہ تین رات سے زیادہ باجماعت صلاۃ تراویح جائز نہیں۔ اور دلیل یہ دیتے ہیں کہ نبی صلی اللہ علیہ وسلم نے چونکہ تین رات سے زیادہ جماعت کے ساتھ تراویح نہیں پڑھی یا پڑھائی اس لیے تین

رات سے زیادہ اسے جماعت کے ساتھ نہیں پڑھی جاسکتی حتی کہ بعض حضرات جرأت و مبالغہ سے کام لیتے ہوئے اس پر بدعت کا بھی حکم صادر فرما دیتے ہیں۔ واللہ المستعان

حالانکہ اس کے استحباب اور فضیلت پر سنت سے دلیل موجود ہے، نیز صحابہ کرام کا متفقہ عمل اس کی مشروعیت پر بین ثبوت ہے۔

البتہ نبی صلی اللہ علیہ وسلم کا تین رات سے زیادہ باجماعت تراویح نہ پڑھانا تو وہ اس لیے تھا کہ صحابہ کرام کے شدید حرص کی بنا پر آپ کو اسے امت پر فرض کر دیے جانے کا خوف لاحق ہو گیا تھا، جو کہ لوگوں پر باعث مشقت تھا۔ (دیکھیں: صحیح بخاری ۱/ ۱۹، صحیح مسلم ۱/ ۵۲۴)

لیکن آپ کی وفات کے بعد یہ خوف زائل ہوگیا۔ اس لیے جب عمر بن الخطاب رضی اللہ عنہ نے اپنے دور خلافت میں لوگوں کو باجماعت تراویح کے لیے جمع کیا تو کسی نے اعتراض نہیں کیا۔

نیز جس حدیث میں نبی صلی اللہ علیہ وسلم کے تین رات باجماعت تراویح کا ذکر ہے اسی میں آپ کا یہ قول بھی موجود ہے:

«إن الرجل إذا صلى مع الإمام حتى ينصرف حسب له قيام ليلة». (أبو داؤد ۱۳۷۵، الترمذي ۸۰۶، النسائي ۲۰۳/۳، ابن ماجہ ۱۳۲۷۔

علامہ البانی رحمہ اللہ نے اسے ارواء الغلیل (۲/ ۱۹۳) حدیث نمبر (۴۴۷) میں صحیح قرار دیا ہے)

یعنی جب کوئی شخص امام کے فارغ ہونے تک اس کے ساتھ نماز پڑھتا ہے تو اس کے حق میں پوری رات کا قیام لکھا جاتا ہے۔

پس اس حدیث میں باجماعت تراویح کے لیے واضح دلیل موجود ہے۔ اور صحابہ

کرام نیز سلف صالحین کے عمل سے اس کی مشروعیت مزید واضح ہو جاتی ہے۔ واللہ الحمد

اس سال کورونا وائرس کی وجہ سے دنیا کے اکثر ممالک میں لاک ڈاون نافذ ہے۔ انسانی جانوں کی حفاظت کی خاطر احتیاطی تدابیر کے طور پر اکثر ممالک میں مساجد میں باجماعت نماز ادا کرنے پر پابندی ہے۔ لوگ اپنے اپنے گھروں میں پنج وقتہ نمازیں ادا کر رہے ہیں۔ تراویح کی نماز کے لیے جماعت کا مسئلہ دیگر نمازوں کی طرح ہی ہے۔ جس طرح لوگ اپنے اپنے گھروں میں اہل خانہ کے ساتھ دیگر فرض نمازیں باجماعت ادا کر رہے ہیں اسی طرح تراویح کی نماز بھی باجماعت ادا کریں، کیونکہ جماعت کی نماز اکیلے کی نماز سے ستائیس گنا افضل ہے۔ ( صحیح بخاری، حدیث نمبر ٦٤٥ )

موجودہ صورت حال میں تراویح کی نماز کے لیے دوسرے گھروں کا رخ کرنا یا اپنے گھر میں دوسرے لوگوں کو جمع کر کے جماعت قائم کرنے کی کوشش کرنا قطعا مناسب نہیں۔ انسانی جان کی حفاظت باجماعت نماز ادا کرنے سے کہیں زیادہ اہم ہے۔ اور اس عرصے میں ہم نے اچھی طرح مشاہدہ کر لیا ہے کہ یہ وائرس اختلاط کی وجہ سے کس تیز رفتاری کے ساتھ ایک دوسرے میں منتقل ہوتا ہے۔ ہو سکتا ہے آپ کے جسم میں قوت مدافعت زیادہ ہونے کی وجہ سے یہ آپ کو متاثر نہ کر رہا ہو لیکن جس شخص سے آپ مل رہے ہیں اس میں آپ کی طرح قوت مدافعت نہ ہو اور اس پر اٹیک کر دے۔ لہذا برائے مہربانی اپنے آپ کو یا اوروں کی جان خطرہ میں نہ ڈالیں، اور احتیاطی تدابیر اختیار کرنے میں کوتاہی نہ برتیں۔

نیز یہ بھی جان لیں کہ تراویح کی نماز گرچہ بلاشک بہت ہی اجر و ثواب کا باعث ہے لیکن فرض نمازوں سے یہ افضل نہیں۔ جب فرض نمازیں آپ اپنے گھروں میں صرف اہل خانہ کے ساتھ ادا کر رہے ہیں تو تراویح کے لیے اس طرح کی کوشش کرنا شرعا و عقلا

غیر مناسب ہے۔

۲۔ غروب آفتاب کے بعد افطار میں احتیاطاً تاخیر کرنا:

روزہ کی مدت صبح صادق سے لے کر غروب آفتاب تک ہے۔ جب سورج غروب ہو جائے اور موذن مغرب کی اذان دے دے تو افطار میں احتیاطاً تاخیر ایک غیر ضروری عمل اور سنت نبوی سے اعراض کرنا ہے۔ نبی صلی اللہ علیہ وسلم فرماتے ہیں :

«لا يزال الناس بخير ما عجلوا الفطر»

"لوگ اس وقت تک خیر میں ہوں گے جب تک افطار میں جلدی کریں گے"۔ (صحیح بخاری ۱/۳۳۵)

ایک دوسری حدیث میں ہے :

«لا يزال الدينُ ظاهراً ما عَجلَ الناسُ الفِطرَ؛ لأن اليهود والنصارى يؤخرون »۔

"جب تک لوگ افطار میں جلدی کریں گے دین غالب رہے گا، اس لیے کہ یہود ونصاری افطار میں تاخیر کرتے ہیں"۔ (سنن آبی داود (۲۳۵۳) و مسند احمد (۱۵/۵۰۳)۔ علامہ البانی رحمہ اللہ نے صحیح أبی داؤد(۷/۱۲۱)میں اسے حسن قرار دیا ہے )

علامہ ابن قیم الجوزیہ رحمہ اللہ فرماتے ہیں : "یہ حدیث افطار میں تاخیر کرنے کی کراہیت کا تقاضا کرتی ہے چہ جائیکہ اسے چھوڑ دیا جائے، اور جب تاخیر کرنا مکروہ ہوا تو یہ عبادت نہیں بن سکتا، کیونکہ عبادت کا ادنی درجہ یہ ہے کہ وہ مستحب ہو"۔ (زاد المعاد فی ھدی خیر العباد ۲/۳۶)

۳۔ دن میں احتلام ہونے یا جنبی کی حالت میں فجر کی اذان ہو جانے پر روزہ نہ رکھنا:

بہت سارے لوگوں کے اندر یہ غلطی پائی جاتی ہے کہ دن میں احتلام ہونے کی بنا پر

روزہ ترک کر دیتے ہیں اور سمجھتے ہیں کہ اس سے ان کا روزہ ٹوٹ جاتا ہے۔ اسی طرح جنبی کی حالت میں فجر کی اذان ہو جانے پر کچھ لوگ اس دن روزہ رکھنا جائز ہی نہیں سمجھتے۔

بہت سارے حضرات اکثر شرم و حیا کی وجہ سے علماء سے یہ مسائل دریافت نہیں کرتے، حالانکہ شرعی مسائل دریافت کرنے میں کسی طرح کی شرمندگی نہیں ہونی چاہیے، ایسے حضرات شرم و حیا کے نتیجے میں لاعلمی کی بنا پر اپنے روزہ کو برباد کر ڈالتے ہیں۔

روزہ کی حالت میں بیوی سے جماع یا استمناء (ہینڈنگ) کو ممنوع قرار دیا گیا ہے۔ لیکن حالت صیام میں احتلام کی وجہ سے روزہ فاسد ہونے کی کوئی دلیل نہیں ملتی۔ (واللہ أعلم) اور اہل علم نے اسے مبطلات صیام میں شمار نہیں کیا ہے کیونکہ یہ بندے کا اختیاری عمل نہیں ہے۔

اس کے برعکس عائشہ وام سلمہ رضی اللہ عنہما فرماتی ہیں کہ نبی صلی اللہ علیہ وسلم اپنی بیویوں سے جماع کی وجہ سے جنبی ہوتے اور اسی حالت میں فجر ہو جاتی، پھر آپ غسل کرتے اور روزہ رکھتے تھے۔ (صحیح بخاری ۱۹۲۵، و صحیح مسلم ۱۱۰۹)

۴۔ سحری کرنے کا موقع نہ ملنے پر اس دن کا روزہ ترک کر دینا:

بعض حضرات جاگ نہ پانے کی وجہ سے بسا اوقات سحری نہیں کر پاتے اور بغیر سحری کے روزہ کو ناجائز سمجھ کر روزہ چھوڑ دیتے ہیں۔ حالانکہ سحری کو علماء نے صرف مستحب و مسنون عمل کہا ہے، کسی نے اسے واجب یا شرط نہیں قرار دیا ہے۔ علامہ ابن المنذر، ابن قدامہ اور نووی رحمہم اللہ نے اس کے مستحب ہونے پر اجماع نقل کیا ہے۔ [دیکھیں: الاجماع لابن المنذر (۴۹)، المغنی لابن قدامہ (۳/۵۴)، المنہاج شرح مسلم بن الحجاج (۷/۲۰۶)]

لہذا اگر سحری کرنے کا موقع نہ ملے تو بغیر سحری کے روزہ رکھنے میں کوئی قباحت نہیں ہے۔ واللہ اَعلم

۵۔ نماز تراویح نہ پڑھنے کی صورت میں روزہ کو فاسد سمجھنا:

کچھ لوگوں سے ہر سال یہ سوال سننے کو ملتا ہے کہ فلاں شخص نے یا میں نے آج تراویح کی نماز نہیں پڑھی ہے کیا ایسی صورت میں روزہ رکھنا درست ہے ؟

ایسے حضرات کو معلوم ہونا چاہیے کہ نماز تراویح روزہ کی صحت کے لیے شرط نہیں ہے۔ اس کے بغیر بھی روزہ درست ہے۔ لیکن نماز تراویح بہت ہی زیادہ اجر و ثواب والا عمل ہے اور ماہ رمضان خیر و برکات اور نیکیوں کے سمیٹنے کا مہینہ ہے۔ اس لیے بہت ہی بڑا محروم ہے وہ شخص جو جان بوجھ کر بغیر کسی عذر کے اس عظیم اجر سے دور رہتا ہے۔ سب کو شدت سے باجماعت اس کا اہتمام کرنا چاہیے۔ اللہ تعالی ہم سب کو اسے قائم کرنے کی توفیق عطا فرمائے۔ آمین

٭٭٭

# صدقہ فطر: احکام و مسائل

## محمد اشفاق سلفی

ماہ رمضان کے اختتام پر صدقۂ فطر کی ادائیگی مشروع ہے۔ نبی اکرم ﷺ نے اسے فرض کیا ہے اور جس چیز کو آپ ﷺ نے فرض کیا ہو یا جس کی ادائیگی کا حکم دیا ہو وہ اللہ تعالیٰ کی جانب سے فرض کردہ عمل کے حکم میں ہے۔ باری تعالیٰ کا ارشاد ہے:

ومن یطع الرسول فقد أطاع الله (النساء:۸۰) رسول اللہ ﷺ کی جو اطاعت کرے اس نے یقیناً اللہ تعالیٰ کی فرمان برداری کی۔

بعض سلف صالحین "قد أفلح من تزکی وذکر اسم ربه فصلی" (الا علی:۱۴) کی تفسیر میں 'تزکی' سے مراد صدقۂ فطر اور ذکر وصلاۃ سے تکبیرات عید اور نماز عید مراد لیتے ہیں۔

عبداللہ بن عمر رضی اللہ عنہما سے صحیحین میں مروی ہے:

فرض رسول الله ﷺ زکاة الفطر صاعا من تمر أو صاعا من شعیر علی العبد والحر والذکر والأنثی والصغیر والکبیر من المسلمین (رسول اللہ ﷺ نے صدقۂ فطر کھجور یا جو سے ایک صاع نکالنا ہر غلام، آزاد، مذکر، مونث، چھوٹے اور بڑے ہر مسلمان پر فرض کیا ہے)

حدیث مذکور کی روشنی میں ہر غلہ سے ایک صاع نکالنا ہی متعین اور لازم ہے۔ بعض اہل علم نے گیہوں سے آدھا صاع نکالنے کو جائز کہا ہے مگر اس سلسلہ میں صحیح اور مرفوع

حدیث نہیں ہے۔ بلکہ صحیحین میں ابوسعید خدری رضی اللہ عنہ سے مروی ہے کہ: ہم لوگ عہدِ نبوی میں ہر قسم کے غلہ سے ایک صاع صدقۃ فطر نکالتے تھے اور سنن ابی داؤد میں اس قدر اضافہ بھی وارد ہے "لا أخرج أبدا إلا صاعا" یعنی میں ہمیشہ ایک صاع ہی ادا کروں گا۔ حضرت معاویہ رضی اللہ عنہ کے اجتہاد بسلسلہ نصف صاع گندم پر رد فرماتے ہوئے ابوسعید رضی اللہ عنہ نے مذکورہ بات بیان فرمائی۔

حدیث میں 'طعام' سے مراد بعض لوگوں کے نزدیک گندم ہے اور بعض اہل علم نے کہا ہے کہ یہ لفظ عام اور مجمل ہے جس کا بیان حدیث کے اگلے فقروں میں ہے یعنی کھجور، جو، منقی اور پنیر وغیرہ سے ایک صاع نکالتے تھے۔ معاویہ بن ابی سفیان رضی اللہ عنہما کے زمانہ میں شام سے گندم منگوایا جاتا تھا، چنانچہ انھوں نے دیکھا کہ آدھا صاع گیہوں کی قیمت ایک صاع کھجور و منقی کے برابر ہے اس لیے اپنے اجتہاد سے آدھا صاع گیہوں نکالنے کا فتوٰی دیا جس پر بعض صحابہ نے بھی عمل کیا۔ آج ہم اگر اسی نقطہ نظر سے دیکھیں تو شاید ۴/ اصاع کھجور اور اس سے بھی کم منقی کی قیمت، ایک صاع گیہوں کے مقابلہ میں زیادہ ہوتی ہے تو کیا معاویہ رضی اللہ عنہ کے اجتہاد پر عمل کرنے والے چوتھائی صاع کھجور یا منقی صدقۃ فطر میں نکالنا جائز قرار دیں گے؟ کوئی فقیہ اس کی اجازت نہیں دے گا۔

معلوم ہوا کہ غلوں کی قیمتوں کے درمیان موازنہ کرنے کا عمل ہی صحیح نہیں ہے۔ ایک صاع متعین ہے وہی نکالنا چاہیے۔ صاع کی مقدار بعض علماء کے نزدیک ڈھائی کلو گرام ہے۔ امام العصر علامہ ابن بازؒ رحمہ اللہ نے تین کلو گرام کہا ہے۔

## صدقۃ فطر کی ادائیگی کا وقت:

صدقۃ فطر کا معنی ہے: رمضان المبارک کے روزوں سے افطار کرنے یعنی ماہ صیام

کے اختتام پر نکالا جانے والا صدقہ ،اس لیے اس کی ادائیگی کا افضل وقت آخری رمضان کو آفتاب غروب ہونے کے بعد سے لے کر نماز عید کی ادائیگی سے قبل تک ہے۔ایک دو دن قبل بھی فقراءو مساکین کی رعایت کرتے ہوئے نکالنا جائز ہے۔( صحیح البخاری عن ابی سعید و ابن عمرو نافع )

ان دنوں عام طور پر لوگ ابتدائی رمضان ہی سے صدقۂ فطر کی وصولی شروع کر دیتے ہیں جو سنت کے خلاف ہونے کے ساتھ ساتھ صدقۂ فطر نکالنے کی مصلحت یعنی عید کے دن فقراء و مساکین کو دستِ سوال دراز کرنے سے بچانے اور انھیں لوگوں سے مستغنی کرنے کی حکمت کے بھی منافی ہے۔

اگر اجتماعی طور پر صدقۂ فطر ایک جگہ جمع کیا جاتا ہو تو بھی اس کی تقسیم عید سے دو دن قبل کی جانی چاہیے تاکہ فقراء اس صدقہ کو عید کے دن کی ضرورتوں کے لیے استعمال کریں۔

گویا اس صدقہ کی ادائیگی کا وقت وجوب عید کی شب غروب آفتاب کا وقت ہے۔ لہذا جو غروب آفتاب تک زندہ رہا پھر چند منٹوں کے بعد وفات پا گیا اس کے ذمہ صدقۂ فطر واجب ہو گیا،اس کے وارثان اس کی جانب سے ادا کریں گے۔ اور اگر غروب آفتاب سے چند منٹ پہلے اس کی موت ہو گئی تو اس کے ذمہ سے صدقۂ فطر ساقط ہو گیا۔ یہی حال غروب آفتاب سے قبل یا بعد پیدا ہونے والے بچہ کا ہے۔ غروب آفتاب سے قبل پیدا ہوا تو صدقۂ فطر کی ادائیگی لازم ہو گی ورنہ نہیں۔ لیکن اگر شبِ عید میں غروب آفتاب کے بعد پیدا ہونے والے بچہ کی طرف سے صدقہ ادا کر دیا جائے تو کوئی مضائقہ نہیں۔ کیونکہ در حقیقت اس صدقہ کی ادائیگی کی علت اور وجہ رمضان کے روزوں سے افطار کرنا ہے اور افطار کا تعلق غروب آفتاب سے ہے۔ بہر حال نماز عید سے قبل ادائیگی کو یقینی بنانا

چاہیے الا یہ کہ کسی معقول عذر کی بنا پر تاخیر ہو جائے ، مثلاً اچانک کیم شوال کی صبح میں چاند نکل جانے کی اطلاع آئے اور نماز عید کی ادائیگی کے لیے جلد عید گاہ نکلنے کی ضرورت ہو اور صدقۂ فطر کی ادائیگی کا موقع نہ ہو یا کوئی شخص اپنے کسی قریبی شخص کو اپنی جانب سے صدقۂ فطر ادا کرنے کا مکلف کرے اور وہ بھول جائے تو عید کے بعد بھی ادائیگی ممکن ہے۔ لیکن اگر کوئی بلاوجہ نماز عید کے بعد ادا کرتا ہے تو وہ گنہگار ہو گا لیکن صدقۂ فطر کی ادائیگی بعد نماز عید بھی لازم ہو گی۔

گھر کے کار جبین پر اپنی جانب سے اور ان تمام لوگوں کی جانب سے صدقۂ فطر ادا کرنا لازم ہے جن کے نان و نفقہ اور دیگر اخراجات کا وہ شرعاً مکلف ہے، بشر طیکہ وہ صدقۂ فطر ادا کرنے کی قدرت رکھتا ہو ، یعنی عید کے دن اور اس کی رات میں اپنی ذات اور اہل و عیال کے نفقہ سے زائد غلہ اس کے پاس موجود ہو۔ اگر تمام لوگوں کی طرف سے ادا کر سکتا ہو تو بہت بہتر، ورنہ جتنے لوگوں کی طرف سے ادا کرنے پر قادر ہو ان کی جانب سے ادا کرے کیونکہ اللہ تعالیٰ وسعت سے زیادہ کسی بندہ کو مکلف نہیں کرتا۔

جس مقام پر اس نے رمضان کے روزے پورے کیے ہوں وہاں کے فقراء کو اپنا اور اپنے ماتحتوں کا صدقۂ فطر ادا کرنا چاہیے۔ اگر وہاں فقراء و مساکین نہ پائے جاتے ہوں تو دوسری جگہ کے فقراء و مساکین کو صدقہ دیا جاسکتا ہے اور اگر چاہے تو جہاں اس کے اہل و عیال آباد ہیں وہیں اپنے گھر کے کسی فرد کو پورے اہل خانہ کے صدقات فطر ادا کرنے کا پابند کر دے۔

## صدقۂ فطر کی حکمت :

صدقۂ فطر کی حکمت نبی ﷺ نے خود ہی بیان فرما دی ہے چنانچہ ابن عباس رضی اللہ عنہما سے مروی ہے :

فرض رسول اللہ ﷺ زکاۃ الفطر طھرۃ للصائم من اللغو والرفث وطعمۃ للمساکین (سنن ابی داؤد و ابن ماجہ) رسول اللہ ﷺ نے روزہ دار کے نفس کو لغو اور فحش باتوں کے گناہ سے پاک کرنے اور مسکینوں کو کھانا کھلانے کی غرض سے صدقۂ فطر فرض کیا۔

اس حدیث سے بعض اہل علم نے استدلال کرتے ہوئے کہا ہے کہ مسکین ہی صدقۂ فطر کا اکیلا مستحق ہے اور بعض اہل علم نے صدقۂ فطر کا مصرف، مصارف زکاۃ بتایا ہے۔ بہر حال فقراء و مساکین جس طرح زکاۃ کے زیادہ مستحق ہیں اسی طرح صدقۂ فطر میں بھی ان کی حیثیت مقدم ہے، ان کو محروم کرکے دوسرے مصارف میں صدقۂ فطر خرچ کرنا شریعت کے خلاف ہے۔

## صدقۂ فطر میں غلہ کے عوض نقد کی ادائیگی:

صدقۂ فطر کی حدیثوں سے ثابت ہوتا ہے کہ آدمی جو غلہ کھاتا ہے اور جو اس کی غالب خوراک ہے اس میں سے فی کس ایک صاع نکالے۔ کسی بھی حدیث میں ایک صاع غلہ کی قیمت ادا کرنے کی بابت منقول نہیں ہے، بلکہ قیمت نکالنا، عمل نبوی اور عمل صحابہ کے خلاف ہے، کیونکہ نبی ﷺ نے مختلف غلوں سے ایک صاع نکالنے کی ہدایت فرمائی ہے جبکہ غلوں کی قیمتیں ایک دوسرے سے متفاوت ہوتی ہیں۔ اگر قیمت نکالنا شرعاً معتبر ہوتا تو کسی ایک غلہ کی تعیین کر دی جاتی۔ علاوہ ازیں عہد نبوی میں بھی دینار و درہم پائے جاتے تھے، اگر قیمت کی ادائیگی درست ہوتی تو آپ ﷺ قیمت ادا کرتے اور اپنی امت کو اس کی رہنمائی فرماتے۔ بہر حال جس نے بھی قیمت نکالنے کو جائز کہا ہے اس نے اپنے اجتہاد سے فتویٰ دیا ہے اور اجتہادات کے اندر خطا و صواب دونوں کا احتمال ہوتا ہے۔ نبی ﷺ یا کسی صحابی سے صدقۂ فطر میں غلہ کی قیمت نکالنا ثابت نہیں ہے۔ یہی وجہ ہے کہ امام اہل السنہ امام احمد بن حنبل رحمہ اللہ کے نزدیک قیمت ادا کرنے سے صدقۂ فطر ادا

نہیں ہوتا نبی ﷺ نے ایک صاع غلہ نکالنا فرض کیا ہے، اس کی قیمت نہیں۔ دلیلوں کی روشنی میں یہی قول راجح ہے۔

والحمد للہ رب العالمین

٭ ٭ ٭

# روزوں کی فرضیت کا مقصد تقویٰ

## فیروز احمد بلرام پوری

اللہ تعالیٰ کے فرمان کے بموجب روزوں کی فرضیت کا مقصد بنی نوع انسان کے اندر تقویٰ و پرہیز گاری پیدا کرنا ہے اور یہ ایسی شئی ہے جو تمام اعمال صالحہ و خصائل حمیدہ کو شامل اور شریعت اسلامیہ کو محیط ہے، جو تمام خیر کی کلید ہے، جس کا حکم اللہ تعالیٰ نے ساری انسانیت سمیت تمام انبیاء علیہم السلام کو دیا ہے، جس سے اللہ تعالیٰ کی معیت، محبت، نصرت و مدد، معاملات کے اندر آسانی، دشمنوں کے خلاف فتح، رزق میں کشادگی، حصول علم میں آسانی، رضا و خوشنودی اور آخرت میں باغات و محلات جیسی عظیم نعمتیں حاصل ہوتی ہیں، جس کے لیے نبی محترم صلی اللہ علیہ وسلم نے دعائیں کی ہیں اور اپنی امت کو اس کی تعلیم دی ہے، جسے عملی زندگی میں نافذ کرنا دنیا و آخرت میں سعادت مندی کا باعث ہے اور اسے چھوڑ دینا ہلاکت و بربادی کو دعوت دینے کے مترادف ہے، گویا تقویٰ و پرہیز گاری کو اپنانے میں دنیا و آخرت میں تمام کامیابیوں کا راز مضمر ہے۔

تقویٰ و پرہیز گاری کے حصول کا ایک بہترین ذریعہ روزہ ہے، اس طور پر کہ بندہ اللہ تعالیٰ کے حکم کی پیروی کرتے ہوئے اس کی رضا و خوشنودی کے حصول کے لیے بہت سی چیزوں کو ترک کر دیتا ہے جب کہ وہ چیزیں اس کی نگاہوں کے سامنے ہوتی ہیں اور وہ ان کے استعمال پر قدرت بھی رکھتا ہے لیکن اس کے باوجود بھی اس سے دور رہتا ہے

کیونکہ اس کا دل اللہ تعالیٰ کے خوف اور اطاعت و فرمانبرداری کے جذبے سے سرشار ہوتا ہے، یہی وجہ ہے کہ طلوع فجر سے لے کر غروب آفتاب تک اپنے آپ کو ان حلال چیزوں سے روکے رکھتا ہے جن سے اللہ تعالیٰ نے منع کیا ہے، نیز روزہ ایک ایسی عبادت ہے، جو بندوں کو گناہوں سے روکتی اور اللہ و رسول اللہ ﷺ کے احکامات کا پابند بناتی ہے، رگوں میں شیطان کے چلنے پھرنے کی قوت کمزور کرتی ہے اور اطاعت و فرماں برداری کے پہلو کو غالب کرتی ہے، گویا روزہ انسان کے لیے بہترین تدریب و مشق ہے کہ وہ ایک مہینہ اللہ تعالیٰ کی رضامندی کے لیے جائز چیزوں کو ترک کر دیتا ہے۔ ایسے ہی رمضان المبارک کے علاوہ دیگر مہینوں میں بھی اللہ تعالیٰ کے احکامات کی پابندی کرنے اور منہیات سے بازآنے کی ضرورت ہے، رمضان المبارک کے روزوں کی فرضیت سے یہی مطلوب و مقصود ہے تا کہ حیاتِ فانی تقویٰ و پرہیزگاری کی زینت سے آراستہ و پیراستہ ہو کر سعادتِ دارین جیسی عظیم ترین دولت سے مالا مال ہو جائے، ربّ العالمین ہم سب کو اس کی توفیق بخشے۔ آمین

مثال کے طور پر جب جانور کو کسی خاص عمل کی تربیت دینی ہوتی ہے، تو اسے بھوکا پیاسا رکھا جاتا ہے، اس طرح جب وہ بھوک پیاس کی شدت سے نڈھال ہوتا ہے، تو اپنے مالک و معلم کی بات کو ماننے پر مجبور ہوتا ہے، ٹھیک اسی طرح اللہ تعالیٰ نے روزہ فرض قرار دیا ہے، جو ایک اہم عبادت ہے اور اسلام کے ارکان میں سے ایک اہم رکن ہے، جس کا کوئی بدل نہیں ہے، جس پر بے انتہا اجر و ثواب کا وعدہ ہے، تا کہ بنی نوع انسان کا دل و دماغ اللہ و رسول اللہ ﷺ کی اطاعت و فرماں برداری کے لیے تیار ہو جائے اور اس سے سابقہ کوتاہیوں کا بھی ازالہ ہو جائے اور انسان تقویٰ کا سراپا مجسمہ بن جائے، تا کہ دنیاوی بھلائیوں کے ساتھ ساتھ قیامت کے دن بھی اس کا انجام اچھا ہو اور آخرت میں باغ و

بہشت جیسی عظیم نعمت کا مالک بن جائے، جسے اللہ تعالیٰ نے اپنے نیک بندوں کے لیے تیار کر رکھا ہے، اسی اہمیت کے پیشِ نظر اللہ تعالیٰ نے امت مسلمہ پر رمضان المبارک کے روزوں کو فرض قرار دیا ہے، اللہ تعالیٰ کا فرمان ہے:

یٰۤاَیُّھَا الَّذِیْنَ اٰمَنُوْا کُتِبَ عَلَیْکُمُ الصِّیَامُ کَمَا کُتِبَ عَلَی الَّذِیْنَ مِنْ قَبْلِکُمْ لَعَلَّکُمْ تَتَّقُوْنَ (البقرہ:١٨٣) مومنو! تم پر روزے فرض کیے گئے ہیں، جس طرح تم سے پہلے لوگوں پر فرض کیے گئے تھے، تا کہ تم پرہیز گار بنو۔

امیرالمومنین حضرت عمر بن الخطابؓ نے حضرت اُبی بن کعبؓ سے تقویٰ کے بارے میں استفسار کیا تو انھوں نے کہا:

کیا آپ کبھی کانٹے دار راستے میں چلے ہیں ؟

کہا:"ہاں"

پھر انھوں نے دریافت کیا:" تو آپ نے کیا کیا؟"

عمر رضی اللہ عنہ نے جواب دیا:"میں آستین چڑھا لیتا ہوں اور محتاط ہو جاتا ہوں۔"

اُبی بن کعب نے فرمایا:"بس یہی مثال تقویٰ کی ہے۔"

اسی طرح ایک آدمی نے حضرت ابوہریرہؓ سے بھی تقویٰ کے متعلق پوچھا تھا، تو آپؓ نے بھی حضرت اُبی بن کعبؓ کی طرح جواب دیا تھا۔

حضرت علی رضی اللہ عنہ تقویٰ کے معنیٰ کی وضاحت کرتے ہوئے فرماتے ہیں:

"ھِيَ الخوفُ مِنَ الجلیلِ والعَمَلُ بالتَّنزیلِ والقناعۃُ بالقلیلِ والاستعدادُ لِیومِ الرَّحیلِ (اللہ تعالیٰ سے ڈرنا، اس کی طرف سے نازل کردہ باتوں پر عمل کرنا، تھوڑی چیزوں پر قناعت کرنا اور موت کے دن کی پوری تیاری کرنا یہ تقویٰ ہے)

حضرت عبداللہ بن مسعودؓ آیت کریمہ :

اتَّقُوا اللَّهَ حَقَّ تُقَاتِهِ وَلَا تَمُوتُنَّ (آل عمران: ۱۰۲) کے بارے میں فرماتے ہیں، اللہ تعالیٰ کی اطاعت کی جائے، اس کے ساتھ معصیت نہ کی جائے، اس کو یاد کیا جائے، بھلا یا نہ جائے، اس کی شکر گزاری کی جائے، ناشکری نہ کی جائے۔

حضرت عبداللہ بن عباسؓ فرماتے ہیں:

''متقی لوگ وہ ہیں جو اللہ تعالیٰ کے عذاب سے ڈرتے ہوئے ان چیزوں کو چھوڑ دیتے ہیں جن کے چھوڑ دینے کا دین کے بارے میں انھیں علم ہے اور اللہ تعالیٰ سے اس کی رحمت کی امید رکھتے ہوئے ان چیزوں پر ایمان لاتے ہیں جو نبی ﷺ لے کر آئے ہیں۔

حضرت ابو درداءؓ فرماتے ہیں:

''کامل تقویٰ یہ ہے کہ بندہ اپنے پروردگار سے ڈرے، یہاں تک کہ چھوٹی چھوٹی چیزوں میں بھی اللہ تعالیٰ سے ڈرے یہاں تک کہ بعض حلال چیزوں کو بھی چھوڑ دے اس ڈر سے کہ کہیں حرام میں واقع نہ ہو جائے اور یہ اس کے اور حرام کردہ چیزوں کے درمیان اوٹ ہو، اللہ تعالیٰ نے بندوں کے بارے فرمایا:

فَمَنْ يَعْمَلْ مِثْقَالَ ذَرَّةٍ خَيْراً يَرَهُ وَمَنْ يَعْمَلْ مِثْقَالَ ذَرَّةٍ شَرّاً يَرَهُ (پس جس نے ذرہ برابر بھی نیکی کی ہوگی وہ اسے دیکھ لے گا اور جس نے ذرہ برابر برائی کی ہوگی وہ اسے دیکھ لے گا)

پس تم کسی نیکی کو ہرگز حقیر نہ سمجھو مگر اس کو انجام دو اور نہ ہی کسی گناہ کو حقیر جانو مگر اس سے بچنے کی کوشش کرو۔

حضرت عمر بن عبدالعزیز رحمہ اللہ فرماتے ہیں:

دن میں روزہ رکھنا اور رات میں قیام کرنا اور ان کے درمیان کی چیزوں کو انجام دینا یہ تقویٰ نہیں ہے، بلکہ تقویٰ یہ ہے کہ انسان ان تمام چیزوں کو چھوڑ دے جس کو اللہ تعالیٰ

نے حرام قرار دیا ہے اور ان کاموں کو انجام دے جنہیں اللہ تعالیٰ نے فرض کیا ہے، پس جسے خیر کی توفیق دے دی گئی تو ایسے شخص کے لیے خیر ہی خیر ہے۔

عربی شاعر ابن المعتز نے بھی اپنے اشعار میں تقویٰ کا بہترین مفہوم بیان کیا ہے:

خَلِّ الذُّنُوبَ صَغِيرَهَا
وَكَبِيرَهَا ذَاكَ التُّقٰى
وَاصْنَعْ كَمَاشٍ فَوْقَ أَرْضِ
الشَّوْكِ يَحْذَرُ مَا يَرٰى
لَا تَحْقِرَنَّ صَغِيرَةً
إِنَّ الْجِبَالَ مِنَ الْحَصٰى

(چھوٹے بڑے تمام گناہوں کو چھوڑ دو یہ تقویٰ ہے اور کانٹوں والی زمین پر چلنے والے کی طرح کرو، جو اس سے بچتا ہے، جو کہ وہ دیکھتا ہے، صغیرہ گناہوں کو معمولی نہ سمجھو بلاشبہ پہاڑ کنکریوں سے بنتے ہیں)

اللہ تعالیٰ سے دعا ہے کہ ہم سب کو اپنی اور رسول اللہ ﷺ کی اطاعت و فرماں برداری کی توفیق دے، گناہوں سے بچائے، تقویٰ کو اپنانے والا بنائے، جنت کے راستوں کو آسان کرے، قبر و جہنم کے عذاب سے محفوظ رکھے۔ آمین تقبل یارب العالمین

## مراجع و مصادر:

۱۔ تفسیر قرطبی

۲۔ تفسیر فتح القدیر

۳۔ احسن البیان

۴۔ موسوعۃ الرقائق والأدب: یاسر الحمدانی

۵۔ التقویٰ فی القرآن الکریم: نبیل محمد احمد زھور

۶۔ التقویٰ برکات و أسباب: د. فضل الٰہی

۷۔ معنی التقویٰ: د. سالم بن احمد الشویحی

۸۔ ماھی التقوی؟

۹۔ تقوی اللہ فضلھا و ثمراتھا: أبی سالم

۱۰۔ التقوی: محمود القاسمي

\* \* \*

# زکوۃ: اہمیت، فائدے اور طریقہ کار

## آصف تنویر تیمی

زکوۃ اسلامی فرائض اور ارکان اسلام میں سے ایک ہے اور اس کی اہمیت شہادتین اور نماز کے بعد ہے۔ زکوۃ کے وجوب پر قرآن وحدیث اور امت کا اجماع ہے۔ ساتھ ہی دنیا کے تمام مسلمانوں کا اس بات پر بھی اتفاق ہے کہ زکوۃ کے وجوب کا منکر مرتد ہے۔ اس سے توبہ کرائی جائے گی، توبہ کرتا ہے تو ٹھیک ورنہ اسے قتل کر دیا جائے گا۔ دنیا کے سارے مسلمان اس ماہ مبارک میں اپنے مال کا زکوۃ نکالنا چاہتے ہیں تا کہ انھیں زیادہ سے زیادہ اجر مل سکے۔ اس لیے کہ اس ماہ میں ہر نیکی کا ثواب کئی گنا بڑھا جاتا ہے۔ اس لیے ضروری ہے کہ زکوۃ کے مسائل کو ٹھیک سے سمجھ لیا جائے تا کہ ہماری نیکی میں کسی طرح کی کمی واقع نہ ہو۔

اس زمانے میں زکوۃ کو لے کر بڑی افراتفری پائی جاتی ہے۔ لوگ من چاہے طریقے سے زکوۃ لیتے دیتے اور خرچ کرتے ہیں۔ حالانکہ اس فریضے کو شریعت کی روشنی میں سمجھنا اور اس کو بروئے کار لانا ہر مسلمان کی دینی اور اخلاقی ذمہ داری ہے۔ زکوۃ کے نام پر آج شہر سے لے کر دیہات تک لوٹ کھسوٹ اور جمع خوری ہے۔ مستحق غیر مستحق سب زکوۃ وصولی کی لائن میں لگے ہوئے ہیں۔ صرف کاغذ کو بنیاد بنا کر زکوۃ لیا اور دیا جاتا ہے۔ حقیقت کی کوئی تلاش نہیں ہوتی۔ صاحب مال کو جو جس بہتر انداز میں رجھا لے اتنا

ہی زیادہ وہ زکوٰۃ حاصل کرتا ہے۔ رمضان میں تو جیسے وصولنے والوں کا سیلاب آ جاتا ہے۔ جس کا مدرسہ زمین پر ہے اور جس کا صرف کاغذ پر سب بلا تفریق اللہ کا مال لے کر اپنی جیب بھرتے ہیں۔ اصلاح اور تنظیم کہیں نظر نہیں آتی۔ جس کی وجہ سے مستحقین کا حق مارا جاتا ہے۔ اسلام نے بڑی حکمت کے تئیں زکوٰۃ کو فرض کیا ہے۔ اگر اس کے اندر تنظیم پائی جائے تو مسلم معاشرے سے غربت کا خاتمہ ہو جائے اور مسلمانوں کا ہر کام جس حسن وخوبی انجام پائے۔ لیکن اس کے لیے پڑھے لکھے مسلمانوں اور ان کی تنظیموں کو اپنا ڈھانچہ اور سسٹم ٹھیک کرنا ہو گا۔ اور زکوٰۃ کے معاملے میں ہر سطح پر جو بد نظمی اور بے راہ روی ہے اس کو دور کرنے میں دلچسپی ظاہر کرنی ہو گی۔ بغیر سسٹم درست کیے مسلم سماج کی غریبی اور افلاس کا رونا رونا عبث ہے۔

ہر صاحب نصاب (جس کے اوپر زکوٰۃ واجب ہے) کا زکوٰۃ بیت المال کو دینا اور لینا اسلامی حکومت کی ذمہ داری ہے۔ اور جہاں اسلامی حکومت نہیں وہاں صاحب نصاب کی خود ذمہ داری ہے کہ وہ زکوٰۃ کا مال بہتر سے بہتر انداز میں مستحقین تک پہنچائے۔ اللہ کے دیے ہوئے مال میں بخیلی اور کنجوسی ظلم اور عذاب الٰہی کا سبب ہے۔ اللہ تعالیٰ نے فرمایا:

"جنہیں اللہ تعالیٰ نے اپنے فضل سے کچھ دے رکھا ہے وہ اس میں اپنی کنجوسی کو اپنے لیے بہتر خیال نہ کریں بلکہ وہ ان کے لیے نہایت بد تر ہے۔ عنقریب قیامت والے دن یہ اپنی کنجوسی کی چیز کے طوق ڈالے جائیں گے۔ آسمانوں اور زمین کی میراث اللہ تعالیٰ ہی کے لیے ہے اور جو کچھ تم کر رہے ہوں اس سے اللہ تعالیٰ آگاہ ہے۔" (آل عمران:۱۸۰)

نبی صلی اللہ علیہ وسلم نے فرمایا:

''جس کو اللہ نے مال دیا اور اس نے اس کا زکوٰۃ نہ نکالا تو وہ (مال) قیامت میں گنجے سانپ کی شکل میں آئے گا، جس کے سر پر دو سیاہ نشان ہوں گے۔ پھر وہ (سانپ) اس شخص کے گلپھڑے کو پکڑے گا اور کہے گا: میں تمھارا مال اور تمھارا خزانہ ہوں۔'' (صحیح بخاری: ۱۴۰۳)

اللہ تعالیٰ نے فرمایا:

''اور جو لوگ سونے چاندی کا خزانہ رکھتے ہیں اور اللہ کی راہ میں خرچ نہیں کرتے، انھیں دردناک عذاب کی خبر پہنچا دیجیے۔ جس دن اس خزانے کو آتش دوزخ میں تپایا جائے گا پھر اس سے ان کی پیشانیاں، پہلو اور پیٹھ داغی جائیں گی (ان سے کہا جائے گا) یہ ہے جسے تم نے اپنے لیے خزانہ بنا کر رکھا تھا۔ پس اپنے خزانوں کا مزہ دیکھو۔'' (التوبہ: ۳۴-۳۵)

صحیح مسلم کی روایت ہے نبی صلی اللہ علیہ و سلم نے فرمایا:

''ہر وہ شخص جو اپنے سونے چاندی کا حق ادا نہیں کرتا، قیامت میں اس سے آگ کی تختیاں بنائی جائیں گی، اسے جہنم کی آگ پر گرم کیا جائے گا اور اس سے اس (شخص) کے پہلو پیشانی اور پیٹھ کو داغا جائے گا۔ جب جب (تختی) ٹھنڈی ہو جائے گی اسے دوبارہ لوٹا دیا جائے گا اس دن کی طرف جس دن ایک دن کی مقدار پچاس ہزار سال کے برابر ہو گی۔ (عذاب کا یہ سلسلہ جاری رہے گا) یہاں تک کہ (اللہ تعالیٰ) بندوں کے مابین فیصلہ فرما دے گا''۔ (صحیح مسلم: ۹۸۷)

زکوٰۃ کے بے شمار دینی، اخلاقی اور اجتماعی فائدے ہیں جن میں چند ذیل کے سطور میں قلمبند کیے جاتے ہیں:

## دینی فائدے:

(۱) زکوۃ کی ادائیگی سے اسلام کا ایک رکن پائے تکمیل کو پہنچتا ہے۔ جو ایک مسلمان کی دنیوی و اخروی سعادت مندی کا باعث ہے۔

(۲) زکوۃ بندے کو اللہ سے قریب کر دیتا ہے۔ اور اس سے آدمی کے ایمان میں اضافہ بھی ہوتا ہے۔ جیسا کہ دیگر عبادات کی ادائیگی سے ہوتا ہے۔

(۳) زکوۃ دینے سے آدمی اجر عظیم کا مستحق قرار پاتا ہے۔ اللہ تعالیٰ نے فرمایا:

"اللہ تعالیٰ سود کو مٹاتا ہے اور صدقہ کو بڑھاتا ہے۔" ( البقرۃ:۲۷٦) اور فرمایا: "تم جو سود پر دیتے ہو کہ لوگوں کے مال میں بڑھتا رہتا ہے وہ اللہ تعالیٰ کے ہاں نہیں بڑھتا۔ اور جو کچھ صدقہ زکوۃ تم اللہ تعالیٰ کا منہ دیکھنے ( اور خوشنودی کے لیے) دو تو ایسے لوگ ہی ہیں اپنا دو چند کرنے والے ہیں۔"(الروم:۳۹)

نبی صلی اللہ علیہ وسلم نے فرمایا:

"جو بھی اپنی پاک کمائی سے ایک کھجور کے برابر صدقہ کرتا ہے۔ اور پاک ہی کو قبول کرتا ہے۔ تو اللہ تعالیٰ اس (صدقے کے کھجور) کو داہنے ہاتھ سے لیتا ہے۔ اور دینے والے کے لیے اسی طرح بڑھاتا ہے جس طرح ایک شخص اپنے بچھڑے کو بڑھاتا ہے۔ یہاں تک کہ وہ پہاڑ کے برابر ہو جاتا ہے۔" ( صحیح بخاری:۱۴۱۰)

(۴) زکوۃ کی وجہ سے اللہ تعالیٰ بندے کے گناہوں کو معاف فرماتا ہے۔ نبی صلی اللہ علیہ وسلم نے فرمایا:

"صدقہ اسی طرح گناہ کو بجھا دیتا ہے جس طرح پانی آگ کو بجھا دیتا ہے۔"(جامع ترمذی:٦۱۴)

## اخلاقی فائدے:

(۱) زکوۃ دینے سے آدمی کا شمار سخی اور فیاض لوگوں میں ہونے لگتا ہے۔

(۲) زکوۃ دینے کی وجہ سے آدمی کے اندر اپنے غریب بھائی کی محبت اور ہمدردی پیدا ہو جاتی ہے۔ وہ رحم و کرم کی صفت سے متصف ہو جاتا ہے۔ اور جو اس دنیا میں کسی پر رحم کرتا ہے اللہ تعالیٰ قیامت میں اس پر رحم فرمائے گا۔

(۳) اس کی وجہ سے آدمی کشادہ دل ہو جاتا ہے۔ اور جس مقدار میں وہ اپنے بھائیوں پر خرچ کرتا ہے اسی اعتبار سے وہ لوگوں کی نگاہوں کا تارا بن جاتا ہے۔

(۴) زکوۃ کی وجہ سے انسان کنجوسی اور بخیلی جیسی مذموم صفت سے باہر آ جاتا ہے۔

اللہ تعالیٰ کا فرمان ہے:

’’آپ ان کے مال میں سے صدقہ لے لیجیے، جس کے ذریعہ سے آپ ان کو پاک صاف کر دیں۔‘‘ (التوبہ :۱۰۳)

## سماجی فائدے:

(۱) زکوۃ سے غریبوں کی ضروریات پوری ہوتی ہیں۔ جو کسی بھی معاشرے کی اکثریت ہوا کرتے ہیں۔

(۲) اس سے مسلمانوں کی طاقت و قوت بحال ہوتی ہے۔ ان کے مقام و مرتبے بلند ہوتے ہیں۔ اسی لیے زکات کے مصارف میں سے ایک مصرف جہاد بھی قرار دیا گیا ہے۔

(۳) اس کی وجہ سے فقیروں کے دل میں مالداروں کے لیے جو نفرت و کدورت ہوتی ہے وہ کافور ہوتی ہے۔ اگر مالدار اپنی ذات پر خرچ کریں اور غریبوں کا خیال نہ رکھیں تو عین ممکن ہے کہ غریبوں کے دل میں مالداروں کے لیے دشمنی پیدا ہو جائے، لیکن اگر سال میں ایک ہی بار سہی غریبوں کو بھی مال کا کچھ (متعین) حصہ دیا جائے تو اس دشمنی کا سدِ باب ہو سکتا ہے۔ بلکہ غریبوں کے دل میں مالداروں کے تئیں محبت اور الفت پائی جائے گی۔

(۴) زکوۃ دینے سے مال میں اضافہ اور برکت ہوتی ہے۔ نبی صلی اللہ علیہ وسلم نے فرمایا:

''صدقہ سے مال میں کمی نہیں ہوتی۔'' ( صحیح مسلم:۲۵۸۸)

(۵) زکوۃ ادا کرنے سے مال کا دائرہ وسیع ہوتا ہے۔ اور اس سے زیادہ سے زیادہ لوگ فائدہ اٹھاتے ہیں۔ اگر ایسا نہ ہو تو مال و دولت مالداروں تک سمٹ کر رہ جائے۔ اور غریبوں کو ان کا حق نہ ملے۔

زکوۃ سونا چاندی (اگرچہ سونا اور چاندی زیورات کی شکل میں کیوں نہ ہوں) نقدی، اونٹ، گائے، بکری، گیہوں، جو، (غلہ) کھجور اور کشمش (پھل) میں واجب ہے۔ شریعت نے ان تمام چیزوں کا نصاب متعین کیا ہوا ہے۔ جن کو ہم خود حدیث کی کتابوں میں پڑھ یا اپنے علماء سے سمجھ سکتے ہیں۔

سونے چاندی روپئے پیسے اور سامان تجارت میں سے زکوۃ نکالنے کا مختصر طریقہ جاننے کے لیے شیخ اسعد اعظمی حفظہ اللہ کی ایک جامع تحریر کا کچھ حصہ ذیل میں نقل کیا جاتا ہے:

'' سونے، چاندی اور روپئے پیسے میں اس وقت زکوۃ فرض ہوتی ہے جب کہ وہ نصاب کو پہنچ جائیں، اور ان پر حولان حول ہو چکا ہو۔ (یعنی جس روز سے آدمی نصاب کا مالک ہوا ہے اس روز سے ایک سال کی مدت گزر چکی ہو)

'نصاب' سے مراد یہ ہے کہ مال اتنی مقدار میں ہو جس پر شریعت نے زکوۃ فرض کیا ہے، اور وہ حسب ذیل ہے:

(۱) چاندی: چاندی کا نصاب بموجب حدیث رسول ۲۰۰ درہم ہے، عصر حاضر میں رائج پیمانے کے اعتبار سے ایک درہم کا وزن ۵ء۲۹۷۵ گرام بتایا گیا ہے۔ اس حساب سے

۲۰۰ درہم کا وزن (۲٬۹۷۵ × ۲۰۰ = ۵۹۵) گرام چاندی قرار پائے گا۔ اب اگر کسی شخص کے پاس ۵۹۵ گرام یا اس سے زائد خالص چاندی ہو اور اس پر سال گزر چکا ہو تو اس پر ڈھائی فیصد یعنی چالیسواں حصہ زکوٰۃ نکالے گا۔ مثلاً اگر خالص چاندی کا دام بازار میں ۴۰۰۰۰ (چالیس ہزار) روپیہ کیلو ہے تو ۵۹۵ گرام چاندی کا دام (بحساب ایک گرام برابر = ۴۰/ × ۵۹۵ = ۲۳۸۰۰/ روپیہ ہوا، اور اس پر ڈھائی فیصد یعنی = ۵۹۵/ روپیہ زکوٰۃ ہوئی۔

(۲) سونا: سونے کا نصاب ۲۰ دینار یا مثقال ہے، تحقیق کے مطابق ایک دینار کا وزن ۴٬۲۵ گرام بتایا جاتا ہے، اس حساب سے ۲۰ دینار کا وزن (۴٬۲۵ × ۲۰ = ۸۵) گرام سونا قرار پائے گا۔ اب اگر کسی شخص کے پاس ۸۵ گرام یا اس سے زائد خالص سونا ہو اور اس پر سال گزر چکا ہو تو اس پر ڈھائی فیصد یعنی چالیسواں حصہ زکوٰۃ ہوگی۔ مثال کے طور پر اگر خالص سونے کا دام بازار میں = ۴۰۰۰/ روپیہ فی گرام ہے تو ۸۵ گرام سونے کا دام (بحساب = ۴۰۰۰/ × ۸۵ = ۴۰۰۰۰۰ ,۴۰ ,۳ روپیہ ہوا، اب اس پر ڈھائی فیصد یعنی ۸۵۰۰ روپیہ زکوٰۃ ہوئی۔

(۳) کرنسی نوٹ: آج کے دور میں کاروبار اور لین دین وغیرہ میں کرنسی نوٹوں کا رواج عام ہے، روپیہ، پونڈ، ڈالر، ریال اور بہت ساری کرنسیاں رائج ہیں، سونے کے دینار اور چاندی کے درہم کے بدل کے طور پر یہ کرنسیاں استعمال ہوتی ہیں، ان کرنسیوں کا سونے یا چاندی کی قیمت سے موازنہ کیا جائے گا، پس اگر بقدر نصاب ہوں تو بتفصیل مذکور ان کرنسیوں کی بھی زکوٰۃ نکالی جائے گی۔

تنبیہ: واضح رہے کہ اس وقت سونا اور چاندی کے دام میں کافی تفاوت ہے، جیسا کہ اوپر کی مثالوں میں آپ نے ملاحظہ کیا ہو گا کہ چاندی کا نصاب (چالیس ہزار روپیہ فی کیلو

اگر دام ہے تو =/۲۳۸۰۰ روپیہ ہوتا ہے، جبکہ سونے کا نصاب (اگر =/۴۰۰۰ روپیہ فی گرام ہے تو =/۳۴۰۰۰۰ روپیہ ہوتا ہے۔

ایسی صورت میں جمع کردہ روپئے نصاب کو کب پہنچیں گے =/۲۳۸۰۰ پر یا =/ ۳۴۰۰۰۰ پر؟

اس سلسلے میں اہل علم کے دونوں طرح کے اقوال ملتے ہیں، کچھ لوگوں نے کاغذی نوٹوں کے نصاب کے سلسلے میں سونے کے نصاب کو اصل قرار دیا ہے، لیکن اکثریت اس بات کی قائل ہے کہ چونکہ چاندی کا نصاب متفق علیہ اور ثابت بالسنۃ المشہورۃ ہے اور اس کو اختیار کرنے سے فقیروں اور محتاجوں کی ضرورت پوری کرنے میں زیادہ مدد ملے گی، ساتھ ہی ساتھ احتیاط کا بھی یہی تقاضا ہے کہ اختلاف اور شک وشبہ سے بچتے ہوئے چاندی کے نصاب کو اصل مانا جائے، یا وقت اور زمانے کالحاظ کرتے ہوئے یہ کاغذی نوٹ، سونے اور چاندی میں سے جس نصاب کو پہلے پہنچ جائیں ان کی زکوٰۃ نکالی جائے۔

(۴) سامان تجارت: تجارتی مقاصد سے جمع کیے ہوئے سامانوں میں بھی نصاب کو پہنچنے اور حولان حول (سال گزرنے) پر زکوٰۃ واجب ہوتی ہے۔ موجودہ دور میں اس جانب سے بڑی غفلت ہے اور عام طور پر دوکاندار حضرات اس طرف توجہ نہیں دیتے۔

تجارتی سامانوں کی زکوٰۃ ادا کرنے کا طریقہ یہ ہے کہ دوکاندار اپنی پونجی کا تخمینہ لگائے اور دوکان یا اور جہاں بھی دوکان کا سامان ہے اس کی قیمت لگائے، اگر یہ قیمت نصاب کو پہنچتی ہے تو سال پورا ہونے پر اس میں ڈھائی فیصد زکوٰۃ ادا کرے۔"

# موجودہ ماحول میں رمضان کا آخری عشرہ، شب قدر اور ہماری لاپرواہی

## ذکی نور عظیم ندوی

رمضان کا مہینہ بے شمار عظمت و احترام کا مہینہ ہے، دن کے فرض روزے، رات میں قیام اللیل، گناہوں کی معافی، رفع درجات اور اللہ کے قرب کے بے شمار مواقع، اعمال صالحہ کی طرف رغبت اور برے اعمال سے روکنے کے لیے متعین فرشتے، نیکیوں کے اجر و ثواب میں اضافہ، دعاؤں کی قبولیت کے امکانات، شیطان کے محدود اختیارات، انھیں قید و بند کی صعوبتیں، برائیوں کی جانب بڑھتے قدموں کو روکنا۔ جنت کے تمام دروازوں کا کھلنا، دوزخ کے دروازے بند کرنا اور دوزخ سے بچ کر جنت کے مستحق ہونے کے خصوصی مواقع اور اس مہینہ کے دیگر بے شمار امتیازات۔

یعنی پورا مہینہ خیر و برکت اور اللہ کی رحمتوں کے نزول کا موسم بہار، اور پھر اس کا آخری عشرہ (۲۱–۳۰) ایک طرح سے محاسبہ اور اپنے اعمال کے جائزہ کا عشرہ 'ولتنظر نفس ماقدمت لغد' (الحشر: ۱۸) کہ ہر شخص جائزہ لے کہ آخر اس نے آخرت کے لیے کیا پیش کیا۔ یہی وہ عشرہ ہے جس میں رحمتوں برکتوں اور مغفرت کے دیگر کئی اور مواقع دیے گئے۔ قرآن میں غور سے تو یہ امکان قوی ہو جاتا ہے کہ شاید اسی آخری عشرہ کی اہمیت اور فضیلت کی وجہ سے ہی روزہ کی فرضیت کے لیے رمضان کا انتخاب کیا گیا 'شھد

رمضان الذي انزل فيہ القرآن' کہ رمضان میں قرآن نازل ہوا۔ (البقرہ:۱۸۵)

آخری عشرہ کی ہی ایک شب میں قرآن کریم نازل ہوا، اسی عشرہ میں خاص عبادت اعتکاف کو مشروع کیا گیا۔ اسی عشرے میں سب سے عظیم شب 'لیلۃ القدر' دے کر اس کو ایک ہزار راتوں (تقریباً۸۳ سال ۴ مہینہ) سے بہتر قرار دیا گیا اور اس کے قیام و عبادت کو سابقہ گناہوں کی معافی کا ذریعہ بنا دیا گیا، 'من قام لیلۃ القدر ایمانا واحتسابا غفرلہ ما تقدم من ذنبہ' (البخاری عن ابی ھریرۃ) اسی لیے اس عشرہ کے خصوصی اہتمام کا نہ صرف پابند کیا گیا بلکہ اہل و عیال کو بھی جگانے کی تاکید کی گئی۔ خود نبی اکرم صلی اللہ علیہ وسلم اس عشرہ میں خصوصی اہتمام فرماتے اور رمضان کے دیگر ایام کے مقابلے اس میں زیادہ عبادت کرتے ہکان رسول اللہ صلی اللہ علیہ وسلم یجتھد فی العشر الأواخر مالا یجتھد فی غیرہ' (مسلم عن عائشہ)

## شب قدر ایک عظیم تحفہ:

اس عظیم شب میں قرآن کریم نازل ہوا'انا انزلناہ فی لیلۃ القدر' کہ میں نے اس کو شب قدر میں نازل کیا (القدر:۱) اس کی فضیلت میں قرآن میں پوری ایک سورت 'القدر' نازل کی گئی، اس کو ایک ہزار مہینوں (تقریباً۸۳ سال ۴ مہینہ) سے بہتر قرار دیا گیا'لیلۃ القدر خیر من الف شھر' کہ شب قدر ایک ہزار مہینوں سے زیادہ بہتر ہے (القدر:۳) صرف اس رات کے قیام اور عبادت کو سابقہ گناہوں کی معافی کا ذریعہ بنا دیا گیا 'من قام لیلۃ القدر ایمانا واحتسابا غفر لہ ما تقدم من ذنبہ' کہ جو شب قدر میں ایمان و یقین کے ساتھ قیام کرے اس کے سابقہ گناہ معاف کر دیے جائیں گے۔ (البخاری عن ابی ھریرۃ)

اس رات کو پانے کے لیے نبی اکرم صلی اللہ علیہ وسلم پوری زندگی آخری عشرہ کا اعتکاف کرتے رہے:

كَانَ رَسُولُ اللَّهِ ﷺ يَعْتَكِفُ الْعَشْرَ الْأَوَاخِرَ مِنْ رَمَضَانَ حَتَّى تَوَفَّاهُ اللَّهُ عَزَّ وَجَلَّ (متفق علیہ عن عائشہ)

اس رات کو پانے کے لیے آخری عشرہ کی راتوں میں اپنے اہل و عیال کو بھی جگایا:

كان النبي صلى الله عليه وسلم إذا دخل العشر شد مئزره، وأحيا ليله، وأيقظ أهله (بخاری عن عائشہ) آخری عشرہ آنے پر نبی اکرم صلی اللہ علیہ وسلم کمر کس لیتے، راتوں کو عبادت کرتے اور اہل و عیال کو بھی بیدار رکھتے۔

یہی وہ شب ہے جس میں پورے سال کے اہم معاملات طے کیے جاتے ہیں:

فيها يفرق كل أمر حكيم (الدخان:۴)

اس رات ایک خاص دعا پڑھنے کا حکم دیا:

اللهم انك عفو تحب العفو فاعف عني (مسلم عن عائشۃ) اے اللہ تو معاف کرنے والا ہے، معاف کرنے کو پسند فرماتا ہے ہمیں بھی معاف فرما دے۔

اور فرمایا کہ جو اس شب محروم رہا وہ واقعی محروم ہے:

مَنْ حُرِمَ خَيْرَهَا فَقَدْ حُرِمَ (أحمد عَنْ أَبِي هُرَيْرَةَ)

اسی فضیلت کے لیے 'شب قدر' آخری عشرہ میں تلاش کرنے کا حکم دیا:

فالتمسوها في العشر الأواخر (مسلم عن ابي هريرہ)

اور دوسری جگہ آخری عشرہ کی طاق راتوں میں تلاش کرنے کی تاکید کی:

تحروا ليلة القدر في الوتر من العشر الأواخر من رمضان (بخاری عن عائشہ)

## موجودہ حالات میں شب قدر:

گذشتہ سالوں سی اے اے، این آر سی اور ان پی آر کے نام پر جس طرح مسلمانوں

اور کمزور طبقات کو تشویش میں مبتلا کر کے ملک میں آپسی رواداری اور فرقہ وارانہ ہم آہنگی کی عمومی فضا کو تار تار کیا گیا تھا۔ اسی طرح حالیہ دنوں کورونا وائرس سے نہ جانے کتنے لوگ جان کی بازی ہار چکے اور یہ سلسلہ روز بروز بڑھتا اور تشویش ناک ہی ہوتا جا رہا ہے، روزانہ لاکھوں نئے افراد اس سے دوچار ہو رہے ہیں، کتنے افراد کو اس صورت حال نے بے یار و مددگار بھوکا پیاسا روتا بلکتا چھوڑ دیا، کسی حد تک قیامت کی حقیقی تصویر آنکھوں کے سامنے، کسی کو کسی سے واسطہ نہیں، ہر ایک اپنے تئیں فکر مند، اس سے بچنے کے لیے سیاسی و سماجی تدبیریں اور میڈیکل سائنس میں ملنے والے علاج اور احتیاطی تدابیر کو اختیار کرنے کے ساتھ لوگوں نے اللہ سے رجوع اور دعا کی جانب خصوصی توجہ دی۔

اللہ کا فضل ہے کہ اسی دریمان اللہ کی خصوصی توجہ کا مہینہ رمضان آ گیا اور اب اس کا آخری عشرہ اور لیلۃ القدر بھی آنے کو ہے۔ جو امید کی کرن اور ایک عظیم نعمت ہے۔ اللہ نے فرمایا 'وما أدراك ما ليلة القدر' کہ تمہیں اس کی قدر و منزلت اور اہمیت و عظمت کا کہاں پتہ؟ 'ليلة القدر خير من ألف شهر' یہ تو اجر و ثواب، اللہ کے لطف و عنایت، دعا و فریاد، توبہ و استغفار، تلاوت و عبادت اور توجہ و تقرب کے لیے ایک ہزار مہینوں سے بھی بڑھ کر ہے۔۔۔۔۔۔۔ 'تنزل الملائكة والروح فيها بإذن ربهم' یہ وہ شب ہے کہ جس میں فرشتے اور حضرت جبرئیل اللہ کے حکم اور مرضی سے آتے ہیں یعنی بندوں کی عبادت و تلاوت، اللہ سے لگاؤ، گناہوں پر ندامت، اس سے معافی و تلافی، دعا کے لیے اٹھنے والے ہاتھوں، پناہ مانگنے والی صداؤں کو دیکھنے اسے اللہ تک پہنچانے اس کی قبولیت و باریابی کا پروانہ دینے اور اسے اللہ تک پہنچانے کے لیے آتے ہیں۔۔۔۔۔۔ 'من كل أمر سلام' یعنی یہ فرشتے تمام مسئلوں، مصیبتوں، آفتوں، بیماریوں، وباؤں، پریشانیوں اور دیگر تمام تکلیف دہ امور کے لیے سلامتی اور حفاظت کا

پیغام اور اعلان بھی کرتے ہیں:'ھی حتی مطلع الفجر' اور یہ صرف چند منٹوں یا ساعتوں تک ہی نہیں بلکہ پوری رات یہاں تک کہ صبح صادق کے آخری لمحے تک جاری و ساری رہتا ہے۔ نبی اکرم صلی اللہ علیہ و سلم نے فرمایا کہ اگر کوئی اس رات محروم رہ جائے تو پھر اسے محرومی سے کوئی نہیں بچا سکتا ۔'من حرم خیرھا فقد حرم'(احمد عن ابی ھریرہ)اور اسی لیے نبی اکرم صلی اللہ علیہ و سلم اس میں خود بھی جاگتے اور اپنے گھر والوں کو بھی جگاتے۔

## اس قدر لاپرواہی کیوں:

کیا مسلمان پوری دنیا میں ہر اعتبار سے ذلت و خواری، ظلم و زیادتی، حق تلفی و بے بسی اور پریشانی و لاچاری کے باوجود اتنی عظیم رات کی تلاش میں صرف ۵ راتیں صحیح سے عبادت و تلاوت اور ذکر و دعا بھی نہیں کر سکتے؟ جبکہ بہت سے لوگ رمضان میں رات بھر سوتے ہی نہیں اور لاک ڈاؤن میں رات میں جاگنے کے بعد دن میں سونے کا خوب موقع بھی ہے۔۔۔۔ لیکن افسوس اس کی طرف کوئی توجہ نہیں، اور اگر کسی نے کچھ اہتمام کیا تو صرف ۲۷ ویں شب۔ یہ صحیح ہے کہ ابی ابن کعب سے علامتوں کے پیشِ نظر ۲۷ ویں شب کے ہونے کا تذکرہ ہے:

أنَّها لَيْلَةُ سَبْعٍ وَعِشْرِينَ (مسلم عن أبي بن كعب)

لیکن دوسری حدیثوں میں ۲۱ ویں:

هي لَيْلَةُ إِحْدَى وَعِشْرِينَ مِنَ العَشْرِ الأواخِرِ(مسلم عن أبي سعيد الخدري )

اور ۲۳ ویں:

وَكانَ عَبْدُ اللهِ بنُ أُنَيْسٍ يقولُ: ثَلاثٍ وَعِشْرِينَ(مسلم)

اور بعض میں آخری سات راتوں میں ہونے کا تذکرہ ہے:

التمسوها في السبع الاواخر (البخاري عن ابن عمر)

اور کئی محدثین ہر سال الگ الگ راتوں میں ہونے کے بھی قائل ہیں۔..... جب کہ
ابن عمر سے روایت ہے کہ ایک آدمی نے خواب دیکھا کہ یہ ۲۷ویں شب میں ہے تو نبی
اکرم صلی اللہ علیہ وسلم نے کہا میں دیکھتا ہوں کہ یہ آخری عشرہ میں ہے لہذا اسے آخری
عشرہ کی طاق راتوں میں تلاش کرو:

أرى رؤياكم في العشر الأواخر فاطلبوها في الوتر منها
(متفق عليه عن ابن عمر)۔..... اور آپ صلی اللہ علیہ وسلم نے خود اس کے
لیے پورے عشرہ کا اعتکاف فرمایا۔ اور یہ فرمایا کہ مجھے وہ رات دکھائی گئی تھی لیکن میں
بھول گیا:

قد رأيتها هذه الليله فأنسيتها (البخاري عن ابى سعيد
الخدري) اور باقاعدہ حکم دیا کہ اسے آخری عشرہ میں تلاش کرو:
التمسوها في العشر الأواخر من رمضان (البخاري عن ابن عباس)
دوسری جگہ حکم دیا کہ آخری عشرے کی طاق راتوں میں تلاش کرو:
تحروا ليلة القدر في الوتر من العشر الأخير من رمضان
(متفق عليه عن عائشه)
تو آئیے طے کر لیں کہ ان شاءاللہ اب تمام راتوں میں عبادت، تلاوت اور دل لگا کر
دعا کریں گے، اللہ ضرور حالات سازگار کرے گا کیونکہ اس نے فرمایا ہے:

أنا عند ظن عبدى بى(متفق عليه عن ابى هريره) بندہ مجھ
سے جیسی امید رکھتا ہے میں اس کے ساتھ ویساہی معاملہ کرتا ہوں۔

اور ایک دوسری حدیث میں نبی اکرم صلی اللہ علیہ وسلم نے فرمایا:
أدعوا الله وأنتم موقنون بالإجابة (ترمذى) اللہ سے اس طرح دعا
کرو کہ تمہیں قبولیت کا پورا یقین ہو۔

\*\*\*

# الوداعی جمعہ کی شرعی حیثیت

## ڈاکٹر محمد یوسف ابو طلحہ

رمضان المبارک کا آخری جمعہ الوداعی جمعہ کہلاتا ہے، یعنی رمضان کی رخصتی والا جمعہ، جو خصوصا برصغیر ہند و پاک میں کافی دھوم دھام سے منایا جاتا ہے۔ بہت سارے لوگ اس جمعہ کے لیے خاص طور پر نئے کپڑے سلواتے ہیں، بہت سارے لوگ یہ سمجھتے ہیں کہ اس دن کے خاص احکام اور خاص عبادتیں ہیں، مخصوص سورتوں کے ساتھ نوافل پڑھنے کا اہتمام کیا جاتا ہے، بلکہ بعض لوگ اس دن قضائے عمری کی نیت سے نمازیں پڑھتے ہیں اور خطباء حضرات خطبہ میں رمضان کے ختم ہونے پر مخصوص انداز میں حسرت و افسوس کا اظہار کرتے ہیں۔ "الوداع و الفراق و السلام یا شھر رمضان" جیسے الفاظ کا خصوصی اہتمام کرتے ہیں۔

دراصل الوداعی جمعہ اور اس میں انجام دیے جانے والے خصوصی اعمال و عبادت کا ذکر نبی کریم صلی اللہ علیہ و سلم سے منقول ہی نہیں ہے، نہ صحیح سند سے، نہ ضعیف سند سے، نہ متہم اور وضاع راویوں کی سند سے اور نہ ہی صحابہ کرام، تابعین و اتباع تابعین سے منقول ہے اور نہ ہی ائمہ مجتہدین سے۔ بلکہ معتبر متاخرین محدثین و فقہاء کی کتابوں میں بھی اس کا ذکر نہیں ملتا ہے۔

## جمعۃ الوداع کا نام:

رمضان کے آخری جمعہ کو آج عرف عام میں جمعۃ الوداع اور الوداعی جمعہ کا جو نام دیا جاتا ہے، اس کا کوئی ثبوت نہیں ملتا۔ البتہ جمعۃ الوداع منانے والے کچھ لوگ کہتے ہیں کہ جس طرح نبی کریم صلی اللہ علیہ وسلم کے آخری حج کو حجۃ الوداع کہا جاتا ہے اسی طرح رمضان المبارک کے آخری جمعہ کو 'جمعۃ الوداع' قرار دیا جا سکتا ہے۔ لیکن یہ بات درج ذیل وجوہات کی بنیاد پر درست نہیں:

(الف) آپ صلی اللہ علیہ وسلم نے نبوت کے بعد سن دس ہجری میں پہلا اور آخری حج کیا، اس لیے اس حج کو 'حجۃ الوداع' کہتے ہیں۔ لیکن آپ کے آخری رمضان کے آخری جمعہ کو 'جمعۃ الوداع' نہ آپ نے خود کہا، نہ کسی صحابی نے، نہ تابعی نے، نہ متقدمین و متاخرین فقہاء و محدثین نے۔

(ب) حجۃ الوداع صرف آپ کے لیے حجۃ الوداع تھا، سیدنا ابو بکر و عمر، عثمان و علی اور دیگر صحابہ رضی اللہ عنہم اجمعین نے اس کے بعد بھی حج کیا لہذا یہ ان کے لیے حجۃ الوداع نہیں تھا۔

بایں ہمہ اگر مسئلہ صرف نام کی حد تک ہوتا تو اس کی گنجائش ہو سکتی تھی، مگر یہاں صرف نام کا مسئلہ نہیں، بلکہ نام کے ساتھ اس دن انجام دیے جانے والے خصوصی اعمال و عبادات کا ہے جو شرعاً ثابت ہی نہیں ہیں۔

## الوداعی جمعہ کی خصوصی فضیلت:

الوداعی جمعہ رمضان کے بقیہ دوسرے جمعے کی طرح ہے، اس کو کسی بھی طرح کی کوئی فضیلت اور خصوصیت حاصل نہیں ہے۔ یہ جمعہ آخری عشرے میں آتا ہے اور آخری عشرے میں نبی کریم صلی اللہ علیہ وسلم عبادت میں زیادہ ہی محنت کرتے تھے، اعتکاف کرتے اور راتوں میں عبادتوں کا اہتمام کرتے۔ اس اہتمام کے باوجود آپ

صلی اللہ علیہ وسلم سے اس آخری جمعہ کا کوئی خصوصی اہتمام اور کوئی خصوصی عبادت ثابت نہیں ہے اور نہ ہی صحابہ کرام، تابعین واتباع تابعین اور ائمہ مجتہدین سے منقول ہے۔

### خطبہ کے دوران بار بار اظہار حسرت :

رمضان کے ختم ہونے پر خطباء حضرات خطبہ کے دوران مخصوص انداز میں حسرت و افسوس کا اظہار کرتے ہیں اور بار بار کہتے ہیں: الوداع الوداع یا شھر رمضان، الفراق الفراق، السلام السلام یا رمضان اور ان ہی جیسے دیگر الفاظ و عبارات۔

جبکہ اس طرح اظہار حسرت وافسوس اور الوداعی کلمات پر مشتمل خطبات نبی کریم صلی اللہ علیہ وسلم سے منقول ہی نہیں ہیں اور نہ ہی صحابہ کرام، تابعین واتباع تابعین اور ائمہ مجتہدین سے۔

بلکہ رمضان کے گزرنے پر اس مخصوص انداز میں افسوس کا اظہار خلاف سنت ہے کیونکہ نبی کریم صلی اللہ علیہ وسلم نے روزے سے افطار کرنے کو روزہ دار کے لیے خوشی کا موقع بتایا ہے۔ صحیح بخاری (۷۴۹۲) اور صحیح مسلم (۱۱۵۱) میں حضرت ابوہریرہ رضی اللہ عنہ کی روایت ہے کہ رسول اللہ صلی اللہ علیہ وسلم نے فرمایا:

وَلِلصَّائِمِ فَرْحَتَانِ: فَرْحَةٌ حِينَ يُفْطِرُ، وَفَرْحَةٌ حِينَ يَلْقَى رَبَّهُ (روزہ دار کے لیے دو خوشیاں ہیں، ایک خوشی اس کو افطار کے وقت ہوتی ہے اور دوسری خوشی اس وقت ملے گی جب وہ اپنے رب سے ملے گا)

افطار کے وقت سے مراد روزانہ افطار کا وقت بھی ہو سکتا ہے اور مکمل مہینے کا اختتام بھی ہو سکتا ہے، بہر حال دونوں وقتوں میں ایک روزہ دار عبادت کی تکمیل پر خوشی

محسوس کرتا ہے اور اللہ تعالیٰ نے رمضان کے روزے ختم ہونے اور ربانی احکامات کو بجا لانے کی خوشی میں اہل ایمان کو عید الفطر کا تحفہ دیا ہے جو مسرت وشادمانی سے بھر اسلامانہ تہوار ہے تو پھر رمضان کا مہینہ گزرنے پر افسوس کا اظہار کرنے کی کوئی شرعی وجہ نہیں۔

قرآن و سنت کے نصوص پر غور کرنے سے پتہ چلتا ہے کہ عبادت کے اختتام پر – کسی خاص کیفیت کا التزام کیے بغیر – عبادت گزار کو شکر الٰہی، استغفار اور قبولیت عمل کی دعا کا اہتمام کرنا چاہیے۔

ان امور کی قدرے وضاحت ذیل کی سطروں میں ملاحظہ فرمائیں:

(الف) اللہ کا شکر:

اللہ تعالیٰ کا شکر ادا کرنا چاہیے کہ اس نے اپنے فضل و کرم سے یہ مہینہ نصیب کیا اور روزہ رکھنے اور دیگر عبادتوں کو انجام دینے کی توفیق عطا فرمائی۔ یہ توفیق اللہ کی عظیم نعمت ہے اور نعمت پر شکر ادا کرنا اس میں زیادتی کا سبب ہوتا ہے۔ رب العالمین روزے کی آیتوں کے اختتام میں فرماتا ہے:

ولتكملوا العدة وَلِتُكَبِّرُواْ ٱللَّهَ عَلَىٰ مَا هَدَىٰكُمْ وَلَعَلَّكُمْ تَشۡكُرُونَ [البقرة:١٨٥] وہ چاہتا ہے کہ تم (رمضان کی) گنتی پوری کر لو اور اللہ تعالیٰ کی دی ہوئی ہدایت پر اس کی بڑائی بیان کرو تاکہ تم شکر ادا کر سکو۔

(ب) کوتاہیوں پر استغفار:

عبادت کی ادائیگی میں جو کچھ کمی اور کوتاہی ہوئی ہے اس پر اللہ سے مغفرت طلب کرنا چاہیے۔ اللہ تعالیٰ متقیوں کی صفت بتاتے ہوئے فرماتا ہے:

كَانُوا قَلِيلًا مِّنَ ٱلَّيْلِ مَا يَهۡجَعُونَ وَبِٱلۡأَسۡحَارِ هُمۡ يَسۡتَغۡفِرُونَ [الذاريات:١٧-١٨] یہ ایسے لوگ ہیں جو راتوں میں کم سوتے ہیں (یعنی رات کا اکثر حصہ عبادت میں گزارتے ہیں) اور بوقت سحر اللہ سے مغفرت

طلب کرتے ہیں۔ اور سنت نبوی ہے کہ آپ صلی اللہ علیہ وسلم فرض نمازوں کی ادائیگی کے بعد تین مرتبہ استغفار کرتے تھے۔ ( صحیح مسلم:۹۳۵)

## (ج) قبولیت عمل کی دعا:

نیک عمل کرنے کے دوران اور کرنے کے بعد رب العالمین سے قبولیت عمل کی دعا کرنا چاہیے۔ حضرت ابراہیم واسماعیل۔علیہماالسلام۔خانہ کعبہ کی دیوار اٹھاتے ہوئے یہ دعا کرتے تھے:

رَبَّنَا تَقَبَّلْ مِنَّاۖ إِنَّكَ أَنتَ ٱلسَّمِيعُ ٱلْعَلِيمُ[البقرة:۱۲۷] (ہمارے پرورد گار !تو ہم سے قبول فرما،تو ہی سننے والا اور جاننے والا ہے۔

بعض سلف سے منقول ہے کہ وہ چھ ماہ تک دعا کرتے تھے کہ رمضان میں کیے ہوئے اعمال کو اللہ تعالیٰ قبول فرمائے، جیسا کہ قوام السنۃ ابو القاسم اصبہانی نے الترغیب والترھیب(۱/۷۶۱)میں معلی بن الفضل کے حوالے سے نقل کیا ہے۔

واضح رہے کہ ہماری گفتگو مخصوص انداز میں رائج الوداعی خطبہ پر ہے، خطیب کا لطیف عبارتوں میں رمضان کے ختم ہونے کا ذکر کرنا اور بقیہ ایام میں عبادت کی ترغیب دینا اس میں شامل نہیں ہے، بلکہ یہ تو خطبہ کے محاسن میں سے ہے۔ واللہ اعلم

## الوداعی جمعہ کے دن پڑھی جانے والی قضائے عمری:

اس دن قضائے عمری کی نیت سے جو نماز پڑھی جاتی ہے وہ عقل و نقل کے خلاف ہے، اس کا ذکر قرآن وحدیث میں تو در کنار کسی فقہی مسلک کی معتبر کتابوں میں بھی نہیں ملتا اور اس کا انجام نہایت خطرناک ہے۔اس لیے کہ یہ لوگوں کے لیے نماز چھوڑنے کا راستہ ہموار کرتی ہے، کیوں کہ وہ یہ سمجھتے ہیں ان کی ساری ترک کردہ نمازوں کی تلافی الوداعی جمعہ کے دن ہو جائے گی، جبکہ نماز ایمان وکفر کے درمیان فرق کرنے والی عبادت

اور جمہور اہل علم کا قول یہ ہے کہ اگر کوئی شخص جان بوجھ کر بغیر کسی عذر کے نماز چھوڑتا ہے یہاں تک کہ اس کا وقت نکل جائے اور توبہ نہیں کرتا ہے تو وہ گردن زدنی کا سزاوار ہے۔ فتاویٰ عالمگیری (۲۶۸/۲) میں ہے:

"جو شخص صرف اور صرف رمضان میں نماز پڑھتا ہے اور کہتا ہے کہ یہ بذاتِ خود بہت ہے کیونکہ رمضان کی ہر ایک نماز ستر نماز کے برابر ہے تو اسے کافر قرار دیا جائے گا۔"

علامہ عبدالحی لکھنوی نے ردع الإخوان عن آخر جمعۃ رمضان (ص:۲۱-۲۲) میں اس کی وضاحت کی ہے جس کا خلاصہ یہ ہے کہ اسے کافر قرار دیا جائے گا کیونکہ وہ اپنے اس عقیدے کی وجہ سے جان بوجھ کر نماز چھوڑتا ہے، نہ کہ ثواب کی زیادتی کا عقیدہ رکھنے کی وجہ سے۔ اور ثواب کی زیادتی کا مطلب ہرگز یہ نہیں کہ ایک نماز کئی نمازوں کے لیے کافی ہو جائے گی، اس پر علمائے امت کا اتفاق ہے۔

واضح رہے کہ مذکورہ قضائے عمری کے سلسلے میں بعض کتابوں میں بغیر کسی سند کے کچھ موضوع روایات ذکر کی جاتی ہیں، جیسے:

من قضیٰ صلاۃ من الفرائض في آخر جمعۃ من شهر رمضان؛ كان ذلك جابرًا لكل صلاۃ فاتته في عمره إلى سبعين سنۃ (جو رمضان کے آخری جمعہ میں فرائض میں سے ایک نماز قضا کرے گا تو یہ نماز اس کی زندگی میں ستر سال تک فوت ہونے والی نمازوں کا کفارہ ہو گی)

یہ روایت موضوع ہے، کتب حدیث میں اس کا ذکر بھی نہیں ملتا، ملا علی قاری حنفی نے الأسرار المرفوعۃ (رقم:۵۱۹) میں اسے باطل قرار دیا ہے اور واضح کیا ہے کہ یہ حدیث اجماع امت کے مخالف ہے، کیونکہ امت کا اس بات پر اجماع ہے کہ ایک عبادت کئی سالوں کی فوت شدہ عبادت کے قائم مقام نہیں ہو سکتی۔ علامہ عبدالحی لکھنوی

نے ردع الاخوان (ص: ۴۰-۶۲) میں اس روایت کو اور اس معنی کی کچھ اور روایتوں کا ذکر کیا ہے جو کتب اوراد و وظائف میں بے سرو پا رواج پا چکی ہیں اور ان کے بطلان پر علماء کے اقوال کی روشنی میں سیر حاصل بحث کی ہے۔

## اکابر علمائے دیوبند کا موقف :

جمعۃ الوداع میں رائج مختلف خصوصی اعمال و عبادات پر اکابر علمائے دیوبند نے قدغن لگائی ہے، مولانا رشید احمد گنگوہی نے 'فتاوی رشیدیہ' (ص: ۱۵۷-۱۵۸) میں، مولانا اشرف علی تھانوی نے 'امداد الفتاوی' (۳/۱۴۷-۱۴۹) میں، مفتی دارالعلوم دیوبند، مفتی عزیز الرحمن عثمانی نے 'فتاوی دارالعلوم دیوبند' (۵/۵۳-۴۸-۸۱-۹۹) میں، مولانا مفتی محمود حسن صاحب گنگوہی نے 'فتاوی محمودیہ' (۸/۲۹۵-۲۹۶) میں، مفتی محمد شفیع عثمانی نے 'امداد المفتیین' (ص: ۳۴۴) میں، مفتی محمد تقی عثمانی نے اصلاحی خطبات (۱۲/۷۶) میں اور مولانا شبیر احمد قاسمی نے فتاوی قاسمیہ (۹/۴۲۷-۴۳۳) میں اس کے غیر مشروع ہونے کا فتوی صادر کیا ہے۔ بعض نے تو بدعت ہونے کی صراحت کی ہے۔

اس کے بدعت ہونے کا فتوی دار الافتاء جامعہ علوم اسلامیہ بنوری ٹاؤن، کراچی کی ویب سائٹ (فتوی نمبر: ۱۴۳۹۰۹۲۰۰۸۱۵) پر اور دار الافتاء دارالعلوم دیوبند (فتوی نمبر: ۴۸۴۰۵) کی ویب سائٹ پر بھی دیکھا جا سکتا ہے۔

اللہ رب العزت ہمیں قرآن و حدیث کو صحابہ و تابعین کے نہج پر سمجھنے اور اس پر عمل کرنے کی توفیق دے۔

# سحری: فضائل و احکام

## ڈاکٹر محمد یوسف ابو طلحہ

## سحری امت محمدیہ کی خصوصیت:

سحری کھانا امت محمدیہ کی امتیازی شان ہے، اہل کتاب (یہود و نصاری) جب افطار کے بعد سو جاتے تھے تو ان کے لیے کل کا روزہ مکمل ہونے تک کھانا پینا حرام ہو جاتا تھا اور یہی معاملہ اسلام کی شروعات میں بھی تھا، لیکن امت محمدیہ پر اللہ تعالیٰ نے آسانی فرمائی اور اسے منسوخ کر دیا، اور فجر صادق کے نمودار ہونے تک کھانے پینے کی رخصت دی اور یہ رخصت امت محمدیہ کی خصوصیت بن گئی۔ صحیح مسلم (١٠٩٦) میں حضرت عمرو بن العاص رضی اللہ عنہ سے روایت ہے کہ نبی کریم ﷺ نے فرمایا: ''ہمارے اور اہل کتاب کے روزوں میں سحری کھانے کا فرق ہے۔''

## سحری باعثِ برکت:

سحری کھانا باعثِ برکت ہے، اس سے روزہ رکھنے میں طاقت بھی ملتی ہے اور ثواب بھی حاصل ہوتا ہے۔ صحیح بخاری (١٩٢٣) اور صحیح مسلم (١٠٩٥) میں حضرت انس رضی اللہ عنہ سے روایت ہے کہ نبی کریم ﷺ نے فرمایا: ''سحری کھاؤ، اس لیے کہ اس میں برکت ہے۔''

## سحری کا حکم:

ہمارے نبی ﷺ نے خود سحری کھائی اور امت کو اس کی رغبت دلائی، لہذا ہمیں سحری کا مسنون عمل نہیں چھوڑنا چاہیے، ہاں اگر کبھی کبھار چھوٹ جائے تو کوئی حرج نہیں؛ کیونکہ تمام علمائے امت کا اس بات پر اتفاق ہے کہ سحری کھانا مستحب ہے، واجب نہیں، لہذا اسے چھوڑنے والے پر کوئی گناہ نہیں۔ (ابن المنذر، نووی)

## سحری کی نوعیت اور مقدار:

سحری میں ہر شخص اپنی رغبت اور صحت کے اعتبار سے جتنا چاہے اور جو (حلال چیزیں) چاہے کھائے پیے، البتہ یہ واضح رہے کہ سحری کی سنت کو ادا کرنے کے لیے پانی کا ایک گھونٹ بھی کافی ہے۔ اور بہتر یہ ہے کہ سحری میں کھجور کا استعمال کیا جائے۔ سنن ابی داود (۲۳۴۵) اور صحیح ابن حبان (۳۴۷۵) میں صحیح سند سے حضرت ابو ہریرہ رضی اللہ عنہ کی روایت ہے کہ رسول اللہ ﷺ نے فرمایا:"مومن کی بہترین سحری کھجور ہے۔"

## سحری کی دعا:

سحری کے متعلق نبی کریم ﷺ سے کوئی خصوصی دعا ثابت نہیں ہے، لہذا جیسے عام کھانے سے پہلے بسم اللہ اور کھانے کے بعد الحمد للہ یا احمد پر مشتمل دوسری مسنون دعا پڑھتے ہیں، ویسے ہی سحری میں بھی پڑھیں۔

## سحری کا وقت:

آدھی رات سے پہلے بالاتفاق سحری کا وقت نہیں ہے اور فجر صادق کے نمودار ہونے سے پہلے رات کا آخری پہر بالاتفاق سحری کا وقت ہے، البتہ آدھی رات کے بعد اور آخری پہر سے پہلے سحری کا وقت ہے یا نہیں اس میں علماء کا اختلاف ہے، جمہور فقہاء کے نزدیک سحری کا اول وقت آدھی رات کے بعد شروع ہو جاتا ہے اور آخری وقت فجر صادق (صبح صادق) کے نمودار ہونے تک ہے، یعنی فجر کا وقت شروع ہوتے ہی سحری

کا وقت ختم ہو جاتا ہے، اللہ تعالی کا ارشاد ہے: تم کھاتے پیتے رہو، یہاں تک کہ صبح کا سفید دھاگہ سیاہ دھاگے سے ظاہر ہو جائے۔ (سورۃ البقرۃ:۱۸۷) نبی کریم ﷺ نے اس آیت کی تفسیر کی اور فرمایا:"سفیدی اور سیاہی سے مراد دن کی سپیدی اور رات کی تاریکی ہے"، جیسا کہ صحیح بخاری (۱۹۱۶) اور صحیح مسلم (۱۰۹) میں حضرت عدی بن حاتم رضی اللہ عنہ کی روایت ہے۔

علمائے امت کا اتفاق ہے کہ سحری دیر سے کھانا افضل ہے بشرطیکہ فجر صادق کے نمودار ہونے سے پہلے ہو، کیونکہ دیر سے کھانے سے روزہ رکھنے میں طاقت ملتی ہے۔ مسند احمد (۲۱۶۲۰)، صحیح بخاری (۵۷۵) اور صحیح مسلم (۱۰۹۷) میں حضرت زید بن ثابت رضی اللہ عنہ سے روایت ہے کہ ہم نے نبی ﷺ کے ساتھ سحری کھائی، پھر ہم نماز کے لیے کھڑے ہوئے، حضرت انس رضی اللہ عنہ کہتے ہیں: میں نے زید بن ثابت رضی اللہ عنہ سے کہا: دونوں (یعنی سحری کے ختم ہونے اور نماز کے شروع ہونے) کے درمیان کتنا وقفہ تھا؟ تو انھوں نے بتایا:" اتنا جس میں ایک آدمی پچاس آیتیں تلاوت کر سکے۔"

## اذان فجر کے دوران کھانا پینا:

سورہ بقرہ کی آیت نمبر ۱۸۷ اور متعدد حدیثیں اس بات پر دلالت کرتی ہیں کہ جب یقین ہو جائے کہ فجر صادق کا وقت شروع ہو چکا ہے تو کھانے پینے سے فورًا رک جانا لازمی ہے۔ بعض اہل علم نے اس حکم سے ایک صورت کو مستثنیٰ کیا ہے، وہ یہ کہ اگر کوئی شخص اذان کے پہلے سحری شروع کر چکا ہو، اور موذن اذان دینے لگے، اور یہ بھی پتہ ہے کہ یہ موذن فجر صادق شروع ہونے کے بعد اذان دیتا ہے پھر بھی اس کے لیے جائز ہے کہ وہ اپنی ضرورت پوری کر لے، مسند احمد (۱۰۶۳۰، ۱۰۶۲۹،۱۰۶۳۰)، سنن ابی داود (۲۳۵۰) اور مستدرک حاکم (۱/ ۲۰۳) میں ابو ہریرہ رضی اللہ عنہ سے روایت ہے کہ نبی کریم ﷺ

نے فرمایا: "جب تم میں سے کوئی شخص اذان سنے، اس حال میں کہ برتن اس کے ہاتھ پر ہو تو اس وقت تک برتن نہ رکھے جب تک اپنی حاجت اس برتن سے پوری نہ کرلے۔" حاکم نے اس حدیث کو مسلم کی شرط پر صحیح قرار دیا ہے۔ (ملاحظہ ہو: تمام المنۃ ص ۴۷، فتح ذی الجلال والاکرام: ۴۴۶/۱)

لیکن اس رخصت کو لے کر عوام میں بہت ساری بے اعتدالیاں پائی جاتی ہیں، جیسے کچھ لوگ اذان کا وقت قریب ہو تو دیکھ کر پیٹ بھر لیتے ہیں، تا کہ اذان کے بعد تک آرام سے کھاتے رہیں اور کچھ لوگ پانی لے کر اذان کا انتظار کرتے رہتے ہیں اور اذان کی آواز سن کر پانی پینا شروع کرتے ہیں، اور حد تو یہ ہے کہ بعض لوگوں نے اسے روزانہ کا معمول بنالیا ہے جبکہ ایسا کرنا بالکل درست نہیں۔

یہاں یہ وضاحت بھی مناسب سمجھتا ہوں کہ جمہور اہل علم اس رخصت کے قائل نہیں ہیں، ان کا کہنا ہے کہ اگر فجر صادق کے نمودار ہونے کا یقین ہو جائے تو منہ میں جو بھی چیز ہے اسے پھینک دیں۔ نہ پھینکنے کی صورت میں روزہ باطل ہو جائے گا۔ لہٰذا آپ اپنے روزے کی حفاظت کیجیے اور شبہ والی باتوں سے اپنے روزے کو بچائیے۔

## سحری کا اعلان:

نبی کریم ﷺ کے زمانے میں سحری کے لیے حضرت بلال رضی اللہ عنہ اذان دیتے تھے، تا کہ سوئے ہوئے لوگ سحری کے لیے بیدار ہو سکیں، پھر حضرت ابن ام مکتوم رضی اللہ عنہ نماز فجر کے لیے اذان دیتے تھے۔ جیسا کہ صحیح بخاری اور صحیح مسلم میں متعدد صحابہ کرام سے مروی ہے۔ اور آج بھی الحمد للہ بہت سارے ممالک میں اسی سنت پر عمل ہے، البتہ ہمارے ملک اور بعض دیگر ممالک میں اذان کے بجائے سحری کے اعلان کے مختلف طریقے رائج ہیں جو سنت نبوی سے میل نہیں کھاتے، (ملاحظہ ہو: المدخل

لابن الحجاج:۲ / ۲۵۴–۲۵۸) لہٰذا ہمیں بھی اپنے سماج میں سحری کی اذان کو رواج دینا چاہیے اور اس پر آناً فاناً عمل کے بجائے پہلے عوام کی ذہن سازی کرنی چاہیے، پھر اس پر عمل کرنا چاہیے۔

اللہ تعالیٰ ہم سب کے روزے کو قبول فرمائے۔ آمین

# فقیر و مسکین کا صحیح مفہوم اور زکاۃ میں ان کا حصہ

## نسیم سعید تیمی

فقیر و مسکین کسے کہتے ہیں، ان دونوں اصطلاح کی تعریف کیا ہے؟ بہت سارے لوگ اس کی حقیقت سے نابلد ہیں، اور اس کے تئیں ایک غلط مفہوم اپنے ذہن میں بٹھائے ہوئے ہیں، سمجھتے ہیں جو شخص کاسائے گدائی لے کر در در گھومتا رہے وہی فقیر ہے، وہی زکاۃ کا مستحق ہے، اس لیے بہت سے لوگوں کو یہ کہتے ہوئے پایا گیا کہ ہمارے معاشرے میں فقراء کی تعداد معدود و چند ہے، زکاۃ کے مستحقین ناکے برابر ہیں، اس لیے زکاۃ کی مد میں خصوصاً زکاۃ الفطر بہت تھوڑا ابہت فقراء کو دینے کے بعد مدارس و مکاتب ہی میں رکھ لیتے ہیں، اور زکاۃ کے اصل مستحقین کو ہی محروم کر دیا جاتا ہے، یہ بات یاد رکھیں کہ صاحب زکاۃ یا زکاۃ تقسیم کرنے والے کا فقیر کی تعریف و حقیقت سے واقیقت حاصل کرنا ضروری ہے اور یہ بھی جانا ضروری ہے کہ اسے زکاۃ کا کتنا مال دیا جانا چاہیے تا کہ زکاۃ کی فرضیت کا مقصد پورا ہو، معاشرے سے فقر و فاقہ دور ہو، مواساۃ وبھائی چارہ کا ماحول پیدا ہو اور کسی فقیر کو روز مرہ گھر گھر نہ گھومنا پڑے۔

فقیر و مسکین کی تعریف میں راجح بات یہ ہے کہ فقیر وہ شخص ہے جس کے پاس کچھ بھی نہ ہو، یا کچھ ہو لیکن اس سے اس کی آدھی ضرورت بھی پوری نہیں ہو رہی ہو، مثال کے طور پر کسی شخص کا یومیہ خرچ سو روپے ہے لیکن اس کے پاس ایک بھی روپیہ نہیں

ہے، یا اس کے پاس دس یا بیس یا تیس یا چالیس روپے ہیں، یعنی پچاس سے کم روپے ہیں تو وہ فقیر ہے۔

اور مسکین وہ ہے جو اپنی آمدنی سے اپنی آدھی یا اس سے زیادہ ضرورت پوری کر لیتا ہے، لیکن ساری ضروریات مکمل نہیں ہو پاتیں، مثال کے طور پر کسی کا یومیہ خرچ سو روپے ہے، لیکن اس کے پاس پچاس یا اس سے زیادہ روپے ہیں، مگر سو سے کم روپے ہیں تو وہ مسکین ہے۔ (دیکھیے:المحلی (٦/ ١٤٨)، ومغني المحتاج ٣/ ٩٥ - ١٠٦ – ١٠٨، والمغني لابن قدامہ ٦/ ٤١٣ – ٤٢١.و الدرر البھیة والروضة الندیة والتعلیقات الرضیة (١/ ٥٣١)، والموسوعة الفقھیة الکویتیة (٢٠/ ١٥) والفقه الإسلامي وأدلته للزحیلي (٣/ ١٩٥٢)۔

خلاصہ کلام یہ ہے کہ جس کی آمدنی وانکم اخراجات سے کم ہے وہ زکاۃ کا مستحق ہے، اس کو زکاۃ میں سے اتنا دیا جائے گا جس سے اس کی بقیہ ضرورت پوری ہو جائے۔

ابن عبد البر کہتے ہیں: "اگر کسی کے پاس اپنا گھر ہے، غلام کا بھی مالک ہے لیکن اس کی ضرورت مکمل نہیں ہوتی ہے تو وہ بقدر حاجت زکاۃ لے سکتا ہے، وہ اپنے گھر اور غلام کی وجہ سے مالدار شمار نہیں ہو گا، پھر آگے کہتے ہیں: یہ ایک قاعدہ ہے اسے سمجھ لیں، اور اس قاعدہ پر حجاز و عراق کے تمام فقہاء متفق ہیں"۔ الاستذکار (٣/ ٢١١).

ابن عثیمین کہتے ہیں: "اگر کسی کے پاس کھانے پینے پہننے اور رہنے سہنے کے بقدر مال ہے، وہ شادی کرنا چاہتا ہے لیکن مہر ادا کرنے کے لیے مال نہیں ہے تو اسے مہر ادا کرنے کے لیے زکاۃ دی جائے گی۔

اگر کسی طالب علم کے پاس کھانے پینے پہننے اور رہنے سہنے کے بقدر مال ہے، لیکن ضروری کتابیں خریدنے کے لیے مال نہیں ہے تو اسے کتاب خریدنے کے لیے زکاۃ دی

جائے گی"۔ (الشرح الممتع ۲۲۱/۶)).

دوسرا مسئلہ یہ ہے کہ فقیر و مسکین کو کتنی مقدار میں زکاۃ دی جائے، تو چوں کہ اس سلسلہ میں صریح نص نہیں ہے، اس لیے اہل علم کے مابین اختلاف واقع ہوا ہے، چنانچہ جمہور علماء نے کہا کہ اسے اتنا مال دیا جائے جس سے وہ سال بھر بے نیاز ہو جائے؛ کیوں کہ رسول اللہ صلی اللہ علیہ وسلم سال بھر کا نان و نفقہ محفوظ کر لیا کرتے تھے، یہ قول مالکیہ اور حنابلہ کا ہے نیز شافعیہ کا بھی ایک قول ہے۔

دوسرا قول یہ ہے کہ اسے اتنا دیا جائے جس سے وہ ہمیشہ کے لیے فقر و فاقہ سے نجات پا کر لوگوں سے بے نیاز ہو جائے، مثلاً اگر وہ پیشہ ور و ہنر مند ہے تو اسے متعلقہ پیشہ کے آلات و اوزار خریدنے کے برابر مال دیا جائے تا کہ وہ اپنے پیشہ سے منسلک ہو کر اپنی روزی روٹی کما سکے، اگر تاجر ہے تو اسے اتنا مال دیا جائے جس سے وہ تجارت کر کے اپنے نان و نفقہ کا بند و بست کر سکے، یہ شافعیہ کا مذہب ہے اور حنابلہ کی ایک روایت ہے۔

تیسرا قول یہ ہے کہ اسے دو سو درہم یا اس سے کم دیا جائے، اگر اسکے اہل و عیال بھی ہوں تو پر آدمی دو سو درہم یا اس سے کم دیا جائے، یہ ابو حنیفہ کا قول ہے، دو سو درہم سے زیادہ دینا ان کے نزدیک اس لیے مناسب نہیں ہے کیوں کہ دو سو درہم میں زکاۃ واجب ہو جاتی ہے، اگر دو سو درہم دیا جائے تو وہ مالدار میں شمار ہو جائے گا، اگر اس سے زیادہ دیا جائے تو ان کے نزدیک بھی جائز ہے لیکن مکروہ ہے۔ (دیکھیے: فتح القدیر ۲ / ۲۸، وشرح منتهى الإرادات والإنصاف ۳ / ۲۳۸، والمغني ۶ / ۶۶۵، والدسوقي ۱ / ۴۹۴، والمجموع ۶ / ۱۹۴، والموسوعة الفقهية الكويتية (۲۲/ ۳۱۷)).

جمہور کا مذہب راجح معلوم ہوتا ہے؛ کیوں کہ اس کی پشت پر ایک دلیل ہے، نیز زکاۃ ہر سال ادا کی جاتی ہے، اس لیے ایک سال ہی کے لیے فقیر کو بقدر کفاف زکاۃ کا مال

دیا جائے، پھر دوسرے سال جب زکاۃ جمع ہوں تب دی جائے، وعلیٰ ہذا القیاس۔

مذکورہ بالا اہلِ علم کی تصریحات کے بعد میں ان ذمہ داران سے گذارش کرتا ہوں جن کے پاس عام زکاۃ یا صدقہ فطر کی مدیں جمع ہوتی ہیں کہ وہ اپنے گاؤوں یا شہر کی گشت کریں، اور یہ پتہ لگائیں کہ کتنے لوگ زکاۃ کے مستحق ہیں، سب کی لسٹ تیار کریں، پھر اخلاص اور امانت داری کے ساتھ سب کے سالانہ اخراجات کو مدِ نظر رکھتے ہوئے سب کی مقدار متعین کریں، پھر تمام مستحقین کے درمیان تقسیم کریں۔

اگر آپ فقیر و مسکین کے صحیح معنیٰ و مفہوم کو سمجھ کر، سلف کے فقہ و فہم کے مطابق ان کے لیے زکاۃ کی مقدار متعین کریں گے اور ان کے حقوق ادا کریں گے تو آپ کو معاشرے میں فقراء کے نہ ہونے کا شکوہ جاتا رہے گا، بلکہ ان کی کثرت کا گلہ ہو گا۔

اللہ ہمیں صحیح سمجھ دے اور صحیح راہ پر چلائے۔

٭ ٭ ٭